アンビシャス

北海道にボールパークを創った男たち

鈴木忠平
Tadahira Suzuki

文藝春秋

ES CON FIELD HOKKAIDO

エスコンフィールドHOKKAIDO

ES CON FIELD
HOKKAIDO
TOWER 11

ES CON FIELDができるまで

2001年5月1日　札幌ドーム完成。総工費537億円。

2003年8月1日　株式会社北海道日本ハムファイターズ設立。本拠地を札幌ドームに移転。04年より使用。

2006年10月　ファイターズ、北海道移転後初のリーグ優勝。日本シリーズを制す。

2007年10月　リーグ連覇を果たすも日本シリーズでは敗退。

2009年10月　リーグ優勝も日本シリーズでは敗退。

2012年10月　リーグ優勝も日本シリーズでは敗退。

2015年1月1日　吉村浩が日本ハムファイターズ3代目GMとなる。

2016年5月24日　「日ハム新球場計画」が日本経済新聞、北海道新聞、日刊スポーツで報道される。

2016年6月14日　市議会定例会で北広島市長が日本ハム新球場誘致を表明。場所は「きたひろしま総合運動公園」。

2016年10月　リーグ優勝、10年ぶりに日本シリーズを制覇。

2016年12月3日　札幌市、株式会社札幌ドーム、コンサドーレ札幌、ファイターズの4者協議が開かれる。ファイターズは「(野球専用スタジアム化の提案は)我々が望んだこともありません」と訣別宣言。

ES CON FIELD 建設定点観測

2020/4/1　きたひろしま総合運動公園を切りひらいて整地する

2020/9/30　巨大なクレーンが林立し、あちこち足場も組まれる

2021/1/31　雪の中での作業。スタンドが組み上げられていく

2021/6/23　外壁も立って、徐々にスタジアムらしい外観に

2016年12月20日	北広島市が市民の賛同メッセージを添えて球団に提案書を提出。
2017年1月18日	ファイターズと北広島市が第1回実務者協議を実施。
2017年4月13日	札幌市が新球場建設候補地として旧道立産業共進会場、北大構内を正式提案。
2017年6月29日	ファイターズが新球場ボールパークのイメージ図を公開。

2017年10月12日	球団から新球場候補地として真駒内公園について打診があったと札幌市長が明らかにする。
2017年12月15日	ファイターズが新球場を真駒内案か北広島案のどちらかにすると表明。
2018年2月3日	北広島市がボールパーク誘致に関して市民に説明するシンポジウムを開催。
2018年2月11日	札幌市商店街振興組合連合会主催で新スタジアム構想についての説明会が開かれる。
2018年3月1日	札幌市が真駒内公園を正式候補地として表明。
2018年3月19日	札幌市予算特別委員会で秋元市長がボールパーク誘致への想いを語る。
2018年3月26日	都内ホテルにて開かれた臨時取締役会で、新球場建設の候補地を複数案の中から北広島市の「きたひろしま総合運動公園」に内定。
2018年10月31日	ファイターズより北広島市に対し、新球場建設地が「きたひろしま総合運動公園」に決定したと連絡。

2021/11/21　スタジアムの特徴である可動式屋根が姿を現す

2021/12/30　二度目の冬。正面にそびえる三角屋根が見える

2022/4/27　むき出しの鉄筋にパネルが張られ球場らしくなる

2022/6/10　可動式屋根がスライドし、下の屋根の工事も進む

2022/9/7　工事開始から約1年半。屋根、外周がほぼ完成

2018年11月5日	球団より新スタジアムの建設が正式に発表される。HKSと大林組が設計施工を一括受注。総工費600億円。
2019年10月1日	新球場を保有・運営する「株式会社ファイターズスポーツ&エンターテイメント」を設立。
2020年1月29日	新スタジアムを含めたボールパークエリア名を「HOKKAIDO BALLPARK F VILLAGE」、新スタジアム名を「ES CON FIELD HOKKAIDO」と決定。
2020年5月1日	ES CON FIELD HOKKAIDO着工。
2021年10月	吉村浩GMが、チーム統括本部長専任となり、稲葉篤紀のGM就任が決まる。
2021年11月1日	栗山英樹監督退任。後任は新庄剛志と発表。
2022年9月30日	北広島市議会は23年1月1日より、HOKKAIDO BALLPARK F VILLAGEの所在地の町名を「共栄」から「Fビレッジ」に変更することを可決。
2022年11月	新スタジアム検査の段階で、本塁からバックネットまでの距離が日本の公認野球規則の基準を満たしていないことが指摘される。23、24年のオフに改修を行うと球団が発表。
2022年12月1日	ES CON FIELD HOKKAIDO完成。
2022年12月29日	ファイターズの球団事務所がスタジアム内に引っ越し完了。
2023年1月5日	ES CON FIELD HOKKAIDO竣工式。
2023年3月30日	ES CON FIERD HOKKAIDOにて、シーズン開幕戦を開催。

アンビシャス

北海道にボールパークを創った男たち

目次

登場人物紹介（肩書きは当時のもの）

【北海道日本ハムファイターズ】

前沢賢（事業統轄本部長）
ボールパーク構想の発案者であり実務責任者。行動力に優れるが、直截な物言いで誤解を招くことも。

三谷仁志（事業統轄本部副部長）
前沢とともにボールパーク構想を立ち上げた。大手商社から野球界に転身した財務のスペシャリスト。

島田利正（球団代表）
球団の北海道移転の際は実務を担当。日本ハム社長の大社に見出されて、現場通訳から球団代表に。

吉村浩（チーム統轄本部長兼GM）
独自の理論で北海道移転後のチームを強化した戦略家。無口だが、かつてはスポーツ新聞記者だった。

【北広島市役所】

川村裕樹（企画財政部長）
庁内随一の叩き上げであり、市長の右腕。公立の進学校・札幌開成が甲子園に出場した1988年夏「ミラクル開成」で四番を務めた。

杉原史惟（企画財政部企画課）
ミラクル開成に憧れ札幌開成に入学も甲子園出場ならず。川村の要請で教育委員会から市役所に出向。

柴清文（企画財政部企画課）
高校卒業後、入庁。同じく高卒の川村を慕っている中堅職員。趣味は札幌ドームで野球を観ること。

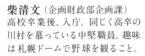

【日本ハム本社】

大社啓二（取締役専務執行役員、元球団オーナー）
創業者・大社義規の甥であり、養子。球団オーナーとして北海道移転を主導した。前沢のよき理解者。

川村浩二（代表取締役専務執行役員）
労働組合委員長を務め、牛肉偽装事件では対策本部に。ボールパーク構想に当初、強く反対していた。

【新聞記者】

高山通史
スポーツ新聞のファイターズ番。ひょんなことから新スタジアム計画の情報をつかんだ熱血記者。

【札幌市役所】

秋元克広（市長）
スタジアムの札幌残留を訴えるも、ファイターズが掲げる理想と大都市札幌が抱える現実の狭間で揺れる。

村瀬利英（まちづくり政策局）
新スタジアム計画の浮上後、ファイターズとの交渉担当者に。北海道移転前からのファイターズ党。

【札幌市商店街振興組合連合会】

島口義弘（たぬきや店主・市商連理事長）
札幌市とも球団とも付き合いのある土産物屋店主。市からの依頼で真駒内での説明会の主催を担う。

プロローグ

学校からの帰り道になると、少年はいつも歩みが重たくなった。千葉県柏市内の小学校から自宅までは十分とかからなかったが、その道のりをとぼとぼと時間をかけて帰った。

住宅街の角まで来ると、サラリーマンの父がローンで購入した三角屋根の一軒家が見えてくる。少年はまっすぐ玄関に向かうのではなく、まず駐車場の裏にまわった。そこには小さな虫かごがあり、中に鍵が隠してあった。ひとり帰宅した〝鍵っ子〟を迎えてくれるのは踊るように飛びついてくる飼い猫だけだった。

母は柏駅前のデパートで働いていた。いつも仕事に出ていた。婦人服売り場のトップセールスで、母を目当てにやってくる顧客が後を絶たないのだという。ただ、少年はそんな話を聞いても少しも嬉しくなかった。

なぜ、母は家にいてくれないのか。父が会社に勤務しているのに、どうして働く必要があるのか。そればかり考えていた。

母は休日も仕事に出た。夕刻、少年がデパートまで迎えに行くと、二階と三階の間にある喫茶店に連れていかれた。母はそこでホットサンドと青い色のクリームソーダを二人分注文した。少年にとっては束の間、母と過ごせる時間だった。だが、母は自分の分をあっという間に片付けると、また婦人服売り場へと戻っていった。

「ここで待っててね」

去っていく母は早足だった。ほとんど毎日仕事に出ているのに「疲れた」という言葉を聞いたことがなかった。デパートの制服を着ているときの母は家にいる時よりも生き生きとしているように見えた。

喫茶店にひとりになってからの時間を少年はぼんやりと何もせずに過ごした。ストローの袋を丸めてそこに水を垂らしたり、母はまだだろうかと天井を見上げたりしていた。デパート創業の一九七三年から続くその喫茶店で、名物の青いクリームソーダを独り占めできるなんて——周りの人たちにすれば羨ましいことのようだったが、少年はやはりちっとも嬉しくなかった。

なぜ、母は学校が休みの日まで働くのか。なぜ、母は歩くのも食べるのもあんなに速いのか。そんなことばかり考えていた。

少年が野球にのめり込んだのも寂しさを忘れるためだったのかもしれない。すぐに地元で知られたエースピッチャーになった。息子の活躍を聞くと母は「二重丸よ」という特有の褒め言葉をくれたが、試合を見に来てくれたことはなかった。

「制服のまま仕事を抜け出して、見に行ったことがあったわよ」

母はそう言ったが、少年の記憶には残っていなかった。

野球の練習を終えて家に帰ると、夕飯ができていた。母方の祖母がつくったものだった。自宅から歩いて五分のところに住む祖母は頻繁に来ては、母親代わりのように家事をしていた。牛肉を焼いたり、チョコレートを袋ごとくれたり、小遣いをくれたりした。小柄な祖母の手はシワだらけだったが、とても柔らかかった。そしていつも「ふー」「ふー」と少し荒い息遣いをしていた。少年は祖母のことが好きだったが、どれだけ優しくされても自分の家に対する欠落感が消えることはなかった。

一度だけ家族全員で、母もそろって遊びに出掛けたことがあった。忘れもしない一九八三年の春のことだ。開園したばかりの東京ディズニーランドに行った。湾岸に突如現れた夢と魔法の王国ならば、自分の欲しかったものが手に入るかもしれない――少年がずっと待ち望んでいた日だった。

当日、はしゃぎまわる少年を見て祖母が微笑んでいた。おそらく裏で母を説得してくれたり、骨を折ってくれたのは祖母なのだろうと、子供ながらに分かった。

少年は母や姉たちと一緒に「スペース・マウンテン」というアトラクションの行列に並んだ。だが、祖母だけは「私はいいから」と外でずっと待っていた。花冷えの寒い日だった。海からの風も強かった。少年は、今度は祖母のことが気になった。

おばあちゃんはなぜ乗らないのか。ひとりで寒くはないだろうか。

祖母が亡くなったのは、家族でディズニーランドに行ってから数週間後のことだった。胸の奥の方が痛くなった。

おばあちゃんが死んでしまったのは、あの日、寒い中で立っていたせいかもしれない。自分がディズニーランドに行きたいと言ったせいかもしれない……。

告別式の日、大人たちは祖母の遺影の前でお酒を飲んでいた。生前の思い出を語り、笑って送り出してあげることが何よりの供養になるのだと言った。だが、少年には痛みや悲しみから目を逸らしているようにしか見えなかった。だから、広間を飛び出し、ひとり玄関に座り込んだ。

「こんなの嫌だ！」そう叫んだ。

なぜ、自分の家にはいつも何かが欠けているのか。なぜ、いくら願っても思うような形にならないのか。なぜ、心の空白を埋められないのか。

少年はいつも胸の奥に欠落感を抱えていた。名を前沢賢《けん》といった。

第一章

流浪する者たち

1

　二〇一〇年九月半ばのある日曜日、北海道日本ハムファイターズ事業統轄本部の三谷仁志《ひとし》はまだ陽が東の空にあるうちに札幌市豊平区の自宅を出た。休日の国道三六号は空いていた。雲間から差し込む陽射しの濃度が短い夏の終わりを告げていた。

　数分走ると、小高い丘の向こうに札幌ドームの銀色の屋根が見えてきた。ファイターズのホーム球場は暑くても寒くても、どんな季節でも同じような光沢を放っていた。県道沿いの専用ゲートから敷地内に入る。ゲームがない日のドームはひっそりとしていて、広大な関係者用駐車場にはポツン、ポツンと車がまばらにあるだけだった。その中にひと際目立つ外国産車が停まっていた。同じ事業統轄本部に所属する前沢賢はすでに到着しているようだった。

　二人だけで作りたいプランがある――。前沢から声をかけられたのは、まだ夏が来る前だった。以来、球団事務所に人が少なくなる週末を利用して秘かに資料を作成してきた。そしてこの日が完成期限だった。二人がつくった企画書は翌日の経営会議に提出されることになっていた。

　三谷は駐車場に車を停めると、札幌ドームに隣接する球団事務所のエントランスを入った。決して約束の時間に遅れているわけではなかったが、前沢はいつも先に来ていた。歩くことも食べることも他人より速かった。常に何かに急《せ》きたてられているかのような男だった。

そもそも三谷がファイターズにやってきたのも、前沢に半ば強引に手を引かれたからだった。関西のプロ野球球団オリックス・バファローズを退社して、ソーシャルゲームを制作する会社に勤務していた二年前、前沢に声を掛けられた。

「三谷さん、いつまで虚業やってるつもり？　俺と一緒にやろうよ」

前沢はそう言うと自虐的に笑って、こう続けた。

「まあ、俺がやってるのも虚業なんだけど……」

前沢とは、まだ三谷がオリックス球団にいた頃、パ・リーグ六球団の合同事業などで何度か仕事をともにしたことがあった。年齢は三谷が一つ上だったが、なぜか立場や職域、利害を越えて話すことができた。そして同じファイターズの事業部で働くことになって気付いたのは、前沢がよく自らの仕事を「虚業」と表現することだった。

その言葉が意図するところは三谷にもなんとなく理解できた。プロ球団の事業部員とは黒子である。選手やコーチングスタッフのように日々、観衆の前に立つことはない。編成部門の職員のようにチームの勝敗に関わる仕事でもない。試合そのものやチーム、選手の価値を売るのが仕事だ。チケットや放映権、肖像権など、ほとんど実体のないものを商品としている。三谷も前沢も所属する組織を変えながら、ずっとこのスポーツマーケティングの世界を歩いてきた。自ら望んで選んだ道だった。誇りも自負もあった。ともにこれまでの実績を評価され、ヘッドハンティングのような形でファイターズにきていた。給与体系も月給制というよりはインセンティブに近かった。ただ、ふとした瞬間にわずかな虚しさを感じることがないではなかった。いくら実績を評価されたとしても、成し遂げたことのほとんどに形が伴わないからだ。前沢はおそらくその感覚を、いくらかの自虐を込めて「虚業」と表現しているのだろうと三谷は理解していた。

事務所の階段を二階に上がると左手がサッカーのプロ球団コンサドーレ札幌の、右手がファイターズのオフィスになっていた。日曜日の事務所はがらんとしていた。ホームゲームがない週末はいつもこんなものだった。チームは福岡でソフトバンクホークスとの三連戦を戦っていた。

静まり返ったオフィスの中、奥に並んだ個室のひとつに灯りが点いていた。前沢のことだ、もう一人で作業を始めているかもしれない……。三谷は少し歩を早めてフロアの奥へと向かった。

2

危機感を抱いているのは自分だけなのか……。前沢賢は音のない空間で自問していた。高い窓から差し込んでくる光がテーブルの上に広げた紙片を柔らかく照らしていた。外から見えないこの小さな会議室を作業場に選んだのは、たとえ球団内であっても経営会議に提出するまではこの企画書の存在を知られたくなかったからだ。プランそのものが秘すべき性格と使命を帯びていた。

　ほどなくして細身のシルエットが窓の向こうに映り、ドアが開いた。球団内でただ一人この計画を共有している三谷だった。相棒は自分と同じようにシャツもネクタイも身につけず、ラフな休日スタイルで入ってきた。そして眠気の残る休日の朝だというのに、午後の涼しい風のような微笑みを浮かべていた。何か嬉しいことがあったわけではなく、三谷の場合、顔の造形がそうなっているのだ。数年来の付き合いで分かったことだった。誰と会うときも、たとえ内心にどんな感情が渦巻いていても、三谷は微笑みを浮かべることができた。切長の三白眼とストレートな物言いで、初対面の人間に緊張を与える自分とは正反対の空気をまとっていた。

　ただ、外見の対照性とは裏腹に、自分たちは似た者同士だと感じることも多かった。前沢は自分が他者に理解されにくい人間であるという自覚と諦めがあったが、三谷だけは言葉にしなくても、前沢が考えていることを理解した。前沢が口癖のように使う「虚業」という言葉の意図するところを、何の説明もなく共感してくれたのは三谷だけだった。そうした内面のシンクロがこのプロジェクトを共にしている理由だった。

　三谷は長方形のテーブルを挟んだ向かい側に座った。お互いに「おはよう」とだけ言葉を交わしてすぐに作業にかかることができたのは、もう数カ月間、毎週末に二人でこの部屋にこもるという生活をしてきたからだった。

　いつものようにテーブル脇のホワイトボードにアイデアを書き出しながら企画書を仕上

げていく。この日までに表題も決まっていた。

『ファイターズの今後を考える　～ファイターズがめざすゴールはどこか～』

タイトルはそのまま、前沢がここ数年抱えてきた葛藤を表していた。ファイターズは東京から北海道に移転して七年目のシーズンを迎えていた。白と青を基調にしたユニホームも、その球団イメージも北の大地に根付きつつあったが、前沢にはとてもこのままでいいとは思えなかった。

「これ見たら、社長たち、どんな顔するかな？」

前沢が相棒に問いかけた。三谷は「どうでしょう」とだけ言って微笑んだ。正確に言えば微笑を継続した。前沢は翌日の経営会議の空気を想像してみた。いずれにしても資料を提出すれば、球団内に波紋を広げることになるだろうと予想できた。

前沢がファイターズに入ったのは二〇〇五年、球団が北海道に本拠地を移転した翌年だった。人材派遣会社のパソナからサッカーのクラブ世界一決定戦などを手がけたＪ・坂崎マーケティングを経て、ファイターズ球団事業部にやってきた。スポーツマーケティングのスペシャリストとしての腕を買われたのだ。そこで前沢が目の当たりにしたのは、ひとつのプロ球団の鮮やかな成功劇だった。

二〇〇六年シーズン、ファイターズは北海道移転から三年目に四半世紀ぶりとなるリーグ優勝を果たすと、そのまま日本一へ駆け上がった。翌年には球団史上初の連覇を成し遂げた。二〇〇九年シーズンには移転六年で三度目となるリーグ優勝を達成し、年間の観客動員数は移転後最多となる一九九万二〇〇〇人を記録した。長年パ・リーグの脇役に甘んじてきた球団は変身を遂げた。

とりわけ移転とともに入団した新庄剛志はシンボリックだった。アメリカ大リーグから帰還した外野手はプレーボールの前からゲームセットの後までスタンドの視線を浴び続けた。プロ野球選手としてはもちろんのこと、プレーする以外にもこれほどの価値があるのだと日本球界に投げ掛けているようだった。スポーツビジネスの世界で生きてきた前沢でも初めて目にする独自のショーマンシップだった。当初は奇異の眼で見られていた新庄の言動は次第に観衆に受け入れられ、北海道におけるプロ野球の象徴的なスタイルになっていった。彼が常識を破壊するたび、グラウンドとスタンドを隔てる心の垣根は低くなり、ファイターズは道民から認知され、支持され、北の大地に文化として根を下ろしていった。広大なキャンバスに革新的なタッチの絵を描き始めた。そして、それら鮮やかなドラマの舞台となったのが銀色に輝く札幌ドームだった。

だが、その裏では人知れずジレンマも膨らんでいた。現場の選手やスタッフから悲鳴が聞こえてきたのは、移転してまもなくのことだった。

「このグラウンドではダイビングキャッチができない」

「この球場で三連戦をやると、身体がボロボロになる」

「バックヤードが狭すぎて、トレーナーの処置もままならない」

ホームスタジアムに対する悲鳴はシーズンを重ねるごとに大きくなっていた。

札幌ドームはそもそも野球のための施設ではなかった。日本と韓国が共催した二〇〇二年サッカーワールドカップ誘致のために建設されたスタジアムだった。日韓W杯では一次リーグのイングランド対アルゼンチン戦をはじめ計三試合が開催された。大会終了後にはコンサドーレ札幌の本拠地となることが決まっていたが、サッカー専用競技場のままでは赤字は免れないため、札幌市は建設段階からプロ野球球団の誘致を念頭に置いていた。サッカー用の天然芝と野球用の人工芝を入れ替える世界初のホヴァリングシステムを採用していたのはそのためだった。

プロ野球球団の候補として、当初はリゾート開発などで北海道と関わりの深い西武グループが親会社であるライオンズが筆頭だった。準本拠地として年間数試合、使用する予定だった。ところが、そこに東京からフランチャイズの移転を検討していたファイターズが名乗りを挙げた。これによって札幌ドームはサッカーと野球、両方のプロ球団が本拠地とする国内唯一のスタジアムとなった。サッカーの開催前になると、屋外で養生されていた天然芝のステージをドーム内に移動させる。その作業には十時間以上を要するため野球用の人工芝は迅速に撤去できる巻き取り式でなくてはならず、他の球場に比べて極端に薄かった。ファイターズの選手たちが悲鳴を上げたのはそのクッション性の低さのためだった。

事業面でもジレンマはあった。札幌ドームはファイターズのホームスタジアムではあったが、管理運営しているのは札幌市と地元財界各社が出資した第三セクター「株式会社札幌ドーム」であった。球団は毎年、球場使用料として約一三億円を支払っていた。札幌ドーム側はファイターズが本拠地とすることで使用料とグッズや飲食店販売収入の一部などを合わせて年間およそ二〇億円の収入があり、その総額はファイターズの選手総年俸に迫るものであった。また顧客サービスのためハード面を改善しようにも、あらゆることにドーム側の許可がなければ実現しなかった。球団に与えられた裁量権は極端に少なく、現場で戦うチーム内にも、前沢たち事業部員の間にもフラストレーションは募っていった。

それらすべての問題の根っこは、札幌ドームが借家であることだった。一見すればファイターズは理想の地を見つけたように映るのかもしれない。だが、自分たちがいるのは決して楽園ではなく、このままでは将来、危機的状況が訪れるはずだと前沢は考えていた。それを解決するために球団内にも秘して資料を作成していた。

3

会議室のホワイトボードは前沢と三谷の文字で埋まっていった。消してもまたすぐに埋まった。ホームスタジアム改革のアイデアは次々に湧いてきた。資料が完成していく中、三谷が「マッピング」と題したページを作った。球団の現在地と目的地を示した航路図のようなものだった。ページ中央に右肩あがりの直線が描かれ、その上を、熊をモチーフにしたファイターズのマスコットキャラクター「Ｂ・Ｂ」が駆け上がっていく。今はまだ、

BBがページ左側の第一フェーズにいるが、いくつかのハードルをクリアして第二フェーズへ向かうというイメージ画だった。

「これ、いいね。これから駆け上がっていくっていう感じがいいよ」

前沢は正面に座っている相棒に言った。その画を見ていると、あらためて現状を変えるチャンスは今しかないという思いに駆られた。

前沢がこのタイミングでの改革を考えた理由の一つに「D資金」の存在があった。DとはダルビッシュⅩ有の頭文字である。前年に十五勝を挙げてチームを優勝に導いたエースピッチャーは、この二〇一〇年シーズン終了後にもポスティングシステムを利用してアメリカ大リーグへ移籍することが有力視されていた。ポスティングシステムとは入札制度とも言われ、まず選手の獲得を希望する大リーグ球団が入札をする。最高入札額の球団に選手との独占交渉権を認める代わり、契約が成立した場合には元の所属球団に入札金が支払われることになっていた。過去にはオリックス・ブルーウェーブのイチローを皮切りに、西武ライオンズの松坂大輔など日本球界を代表するスター選手たちがこの制度によってアメリカへ渡っていた。そうした事例や大リーグ側のダルビッシュへの評価の高さを考えると、入札額は三〇億円から五〇億円になることが予想された。一球団が滅多に手にすることのない巨大資金である。前沢はそれを札幌ドームとの関係見直し、ハード面の改善に充てられないかと考えていた。

ダルビッシュはファイターズが北海道に移転した後、最初のドラフト会議で一位指名した選手だった。いわば新しいファイターズの未来だった。その彼がエースとなり、彼が遺す資金がこの球団を次のフェーズへと押し上げる。前沢はそこに巡り合わせのようなものを感じていた。

休日の球団事務所は正午を過ぎてもほとんどひと気がなかった。前沢も三谷も昼は手弁当で済ませた。食事を終えると、前沢はこの日初めて席を立って会議室を出た。「ちょっと、タバコ行ってくる」

喫煙所は一階の事務所エントランスを出てすぐ右手にあった。小さな換気口の下にスタンド型の灰皿があるだけのスペース。前沢はそこで九月の空気を吸い込むと、マルボロに火を点けた。吐き出した紫煙がゆっくりと昇って夏空に同化していく。煙の向こうに銀色の屋根とライトグレーの外壁で統一された札幌ドームが横たわっていた。だが、視線を本拠地の周辺に向けると、ここがファイターズのホームタウンだと感じさせるものはほとんどなかった。国道三六号に沿って幾つかの大型店舗と地下鉄東豊《とうほう》線の終点駅があるだけだった。前沢はずっとそこに違和感を抱いてきた。

ファイターズには本拠地移転と同時に掲げたひとつの壮大な理念があった。

「Sports Community」

スポーツと生活が近くにある社会の実現をめざすという意味だった。つまりファイターズが本拠地とする場所には、スタジアムを中心に人々のコミュニティができるはずであり、街ができるはずであり、その理念は球団におけるすべての活動の指針となるはずだった。だが、北海道に移って数年が経ってもその実感はなかった。兆しもなかった。

むろん前沢にも札幌ドームとともに刻んできた思い出はあった。人生を前に進めてくれるような出会いもあった。だが、何度足を踏み入れても、自分たちがこの多目的なスタジアムの賃借人の一人に過ぎないのだという感覚は拭えなかった。

このままだと、スポーツコミュニティなんて絵空事になる……。

前沢の喉元にタバコの味とは異なる苦味が込み上げた。

前年のことだった。前沢は三谷とともに札幌ドームの取締役に会いにいった。D資金を念頭にホームスタジアムのハードとソフトの改善を訴えた。このスタジアムの管理と運営をファイターズに任せてもらえないか——そう提案した。例えば球界では、広島東洋カープが新球場のマツダスタジアム建設の際に広島市と十年間の「指定管理者契約」を結んでいた。市などが新球場の建設費およそ一五〇億円を負担し、カープ球団は指定管理者としてスタジアムをデザインし、占有する。その代わりに球場使用料、広告費など合わせて年間約六億円を市に支払う。官と民が互いの義務を明確化した公設民営のひとつのモデルケースだった。それと同じことが札幌ドームとファイターズの間でもできるのではないか。前沢には淡い期待があった。

だが、返ってきたのはゼロ回答だった。指定管理はもとより、スタジアム内部の改装についても、建設時から定められている条例に反するという理由で認められなかった。

「建設当初の構造にひとつ手を入れると、他のところが崩れる恐れがあるんです」

提案するたびにそう言われ、結局は女性用の手洗いを増やすことさえ認められなかった。いくら押しても手応えは全くなかった。前沢は愕然とした。そして煩悶するうち、あることに気づいた。札幌ドームの取締役も、市役所に戻ればスポーツ局という一部局の部長なのだ。裁量権は無いに等しかった。つまり自分たちが交渉すべきはドームではなく、スタジアムの所有主である札幌市本体だった。そして逆に札幌ドーム側も、役職を持たない一事業部員の前沢と三谷を交渉相手とはみなしていないようだった。これまで民間組織と幾多の折衝をしてきた前沢だが、役所との交渉はほとんど経験がなかった。官を相手にしたとき、いかに肩書きが重要視されるかを思い知らされた。どれだけロジカルな提案を出しても、「若造が何を……」という空気は相手の仕草や言葉の端々から伝わってきた。いくら札幌ドームの核心に迫ろうとしても、まるで蜃気楼を追っているように何もつかむことができなかった。

その苦い経験が危機感となり、企画書作成の原動力になり、前沢の胸に一つの覚悟を生むことになった。前沢の視線はすでにドームの向こうに広がる空を見ていた。

——会議室に戻ると、前沢は再び作業に没頭した。資料はすでに三十ページに迫っていた。陽が西の空に傾く頃には仕上げに入った。最終章のタイトルにはこう記した。

「新球場建設シナリオ」

この北海道においては衝撃的なタイトルだった。球団内にも秘して作業を進めてきた理由がここにあった。新しいスタジアムをつくる——目の前にホームスタジアムがある以上、おそらくは誰も現実的には考えていないであろう計画が前沢の頭には描かれていた。

球団上層部を説得し、札幌市と交渉してドームの指定管理者契約を結ぶことができれば問題は解決に近づくかもしれない。だが、ドームの取締役と交渉した前年の経緯から、それが一筋縄ではいかないことは予想できた。もしドーム側から譲歩を引き出すことができなければ現状は変わらず、ファイターズの理念は完全に形骸化してしまう。だから、その場合には札幌ドームと訣別することも考えるべきだ——前沢は資料にそう記していた。そして、そこから数ページにわたって新たなスタジアムに関する具体案を明示した。建設費は三〇〇億円と想定した。仮想の候補地として四つの場所を挙げた。札幌駅の北東に位置する苗穂《なえぼ》地区、札幌のベッドタウンである江別市、札幌と新千歳空港の中間に位置する恵庭市、そして札幌の東に隣り合う北広島市だった。章の末尾には「新ファイターズスタジアム」と仮称した球場と周辺に広がる街並みのイメージを載せた。それは今の北海道のどこにもない光景であった。

その仮想都市に三谷が「スポーツキャピタル」と銘打っていた。前沢にとっては聞き慣れない言葉だった。

「キャピタルって何だろう?」

前沢は訊いた。幼少期を海外で過ごした三谷は「都市のことだよ」と言った。単にインフラが整備されただけではなく、スタジアムを基点に商業施設や教育文化機関や自然環境などが複合的に集まったものがスポーツキャピタルなのだと説明した。

いい響きだ、と前沢は思った。それはいわばファイターズランドのような場所であり、そこでならスポーツコミュニティの理念を実現できるような気がした。

「そうだよね……。ただのタウンじゃない。キャピタルなんだ……」

前沢は自分に言い聞かせるように頷《うなず》いた。

それから二人で新スタジアムを基点とした街にはどんな施設が必要かという議論になった。ショッピングセンターや映画館、スポーツジムに学校、農園やキャンプ場……。ホワイトボードは再び文字で埋まり始めた。止めどなくアイデアが溢れてきた。前沢はふと思った。実体のないものに価値をつけて売ってきた自分たちが今、形あるものを造ろうとしている。もし、この計画が実現できれば、この仕事に対する微かな虚しさも消えるだろうか。もう「虚業」という言葉を使わなくなるだろうか。

気づけば外は暗くなっていた。四十二ページに及ぶ資料が完成したとき、壁時計の針は夜の九時をまわっていた。小さな会議室の灯りを消して外に出ると、真っ暗な駐車場には前沢と三谷、二台の車が停まっているだけだった。

4

経営会議の朝、三谷はいつもより早く自宅を出た。前夜の余韻がまだ残っていた。まだ誰もその存在を知らない新スタジアム建設計画を会議に提出する。大きな一石を投じる高揚感が身を包んでいた。

月曜日の国道には前日とは打って変わって慌ただしく車が行き交っていた。札幌ドームの駐車場に着くとすでに何台かの先客があった。その中にはやはり前沢の外国産車が停まっていた。オフィスの扉を開けるとネクタイ姿の前沢がいた。互いに目を合わせると数カ月かけて完成させた資料を持って一階の会議室へ向かった。この球団の歴史が大きく前に進むかもしれない。資料の重みがそのまま期待感となっていた。

経営会議は一階フロアの一番奥の部屋で行われることになっていた。会見場としても利用される広々とした空間の中央に会議用のテーブルが並べられていた。三谷らが入室してまもなく幹部たちが入ってきた。球団社長の藤井純一を筆頭に、球団代表の島田利正、編成を司るチーム統轄本部長の吉村浩、この球団を動かしている男たちが、それぞれのポジションに座していく。その中に大社啓二《おおこそひろじ》の姿もあった。

大社は球団のオーナーであった。日本ハム創業者・大社義規《よしのり》の甥であり、養子だった。一九八〇年に日本ハムへ入社すると一九九六年には創業者の後を継いで二代目の代表取締役社長となった。その後、二〇〇五年から球団オーナー職に就いていた。つまり、最高権限を有する人物が球団内の定例会議に出席していた。それは三谷がファイターズにやってきて最も驚いたことの一つだった。

通常、プロ野球球団のオーナーというのは球団にも現場にもほとんど降りてくることなく、決裁が必要なときには球団首脳が赴くものだった。雲の上の人という認識だった。だが、大社は会議に出るだけではなく、毎年すべての球団職員と面談をしていた。個人間のメールのやり取りさえしていた。そして大社はよく職員に質問を投げ掛けた。

「あなたにとってのスポーツコミュニティとは何ですか？」

大社は他のどの球団のオーナーとも一線を画していた。

まだオリックスの球団職員だった頃、三谷はこの国内最北のチームを奇異の眼で眺めていた覚えがある。とりわけ新庄剛志が象徴的だった。ある時はマスクを被ってグラウンドに立ち、ある時はゴンドラに乗って降りてくる。バイクに跨《またが》って現れたこともあった。球界の常識を破壊するようなパフォーマンスと、それを許容する球団に衝撃を受けた。この球団は一体、どうなっているのか……。微かな憧憬を覚えながら、関西の球団であれば、到底受け入れられないだろうとも考えていた。

ただ、ファイターズに入って、オーナーの大社に触れてみると革新性に対する寛容さを理解できた。そして今となってはそれが希望だった。自分たちの提案が受け入れられるかもしれないという期待の根拠になっていた。

経営会議は定刻通りに始まった。幾つかの議題を処理した後、前沢と三谷のプレゼンテーションとなった。用意してきた資料を幹部たちに配る。『ファイターズの今後を考える』と題された表紙には「CONFIDENTIAL（極秘）」の印が押してあった。幹部たちの視線が分厚い資料に注がれる中、二人が立ち上がった。

「ええ……今回、このような資料を配らせていただいたのは……」

プレゼンはあらかじめ打ち合わせていた通り、前沢が進行して三谷がサポートする形で始まった。冒頭、札幌ドームとの関係についてはここ数年、球団全体で悩んできた問題だけに幹部たちも資料を睨みながら頷いていた。このままではいけないという危機感は、誰もが同様に抱いているようだった。

だが、そこから資料の後半、新スタジアム構想へ進むと途端にリアクションが消えた。会議室は静まり返り、ただ前沢と三谷の声が響くだけになった。資金調達や収益構造など具体的なシナリオについても、スポーツキャピタルという言葉についても反応はなかった。質問すら出なかった。大社もじっと資料に目を落としたまま何も言わなかった。

プレゼンを終えると、球団社長の藤井にこう言われた。

「お前たちがやりたいことは分かった。たしかに将来的にはそういうビジョンが必要なのかもしれないな」

藤井の言葉に切迫感はなかった。どちらかと言えば諭すような口調だった。球団社長は数年ごとに交代する。本籍は日本ハム本社にある。そうした組織の事情も垣間見えた。会議はそれで終わった。三谷の胸にあった期待は霧散していた。二人の構想は見送られた。それどころか議論にすらならなかったのだ。テーブルには分厚い資料が空しく残されていた。

前沢は会議室を出た。そのまま力ない足取りで事務所の外に向かった。ひとり喫煙所に佇《たたず》んでタバコに火をつける。脱力感が身を包んでいた。藤井の声が耳の奥に残っていた。

将来的には必要なのかもしれない――。

その言葉が意味するところは分かっていた。新スタジアム構想を打ち明けた瞬間の会議室の空気がすべてを物語っていた。藤井は遠回しに表現したが、内実は自分たちが思い描いたものは現実離れした空想として捉えられたのだ。なぜ、なんだ……。前沢の脳裏には、経営会議の最中、ずっと資料に目を落としていた大社の姿が焼き付いていた。

喫煙所には他に誰もいなかった。前沢は新しいタバコを咥えると、わずかに残っているエネルギーをかき集めて自問してみた。最も大きな壁の一つは莫大な建設費だと想像できた。新スタジアム建設にあたっての絶対条件は天然芝であることだった。そうでなければ新しくする意味がなかった。だが、寒さの厳しい北海道で天然芝球場を実現させるには開閉式の屋根が不可欠だった。マツダスタジアムのように屋根のない屋外天然芝球場であれば建設費は一〇〇億円規模だが、屋根をつけるとなった途端、三〇〇億円以上に跳ね上がる。その資金は日本ハム本社の協力がなければ到底、調達できるものではなかった。

ファイターズと本社は良くも悪くも独立した関係にあった。球団は本社を頼らない代わりに、本社も野球事業には介入しない。とくに北海道移転以降は、そうした暗黙の方針の下、独立と裁量を保っていた。だが、三〇〇億円を超えるスタジアムを建設するとなれば、これまでの本社との距離感を大幅に変えなければならなかった。ほとんど一から関係を築いていく必要があった。その努力をしても、本社の承認を得て資金調達できるかどうかは不透明だった。そう考えると、球団幹部たちが現実的でないと考えるのも無理のないことのように思えた。

何より、あらゆることの根本には札幌ドームの存在があった。今、目の前にホームスタジアムがある。観客も入っている。ファンは美しい思い出をこのドームとともに記憶している。そこを去って、新しい球場をつくる必要がどこにあるのか？

内情を知らない人間なら誰でもそう思うはずだった。今ではない、という藤井の言葉の裏にあるものはそれだった。球団は理想との乖離を抱えたまま、現実に寄り添っていくことを選んだ。そして、この社会のほとんどがそうやって成り立っているのだ。

では、今でなければ、一体いつやるというのか……。胸の奥のほうで叫びが聞こえた。

振り返ってみれば、この球団は本当の意味でのホームを手に入れたことがなかった。一九七三年、日拓ホームフライヤーズから日本ハムが経営権を取得して日本ハムファイターズが誕生して以来、後楽園球場、東京ドームを本拠地としてきた。それらのスタジアムの代名詞はあくまで読売ジャイアンツであり、ほとんどの人たちにファイターズのホーム球場だとは認識されていなかった。

二〇〇三年に東京を去り、北海道に移ってからようやくファイターズと札幌ドームがイコールで結ばれたが、借家暮らしの実態は変わっていなかった。その寄る辺のなさは、前沢が幼い頃から胸の奥に抱えてきた欠落感とどこか重なった。

翌日から札幌ドームでの日常は変わらずに流れていった。一日、また一日と時が経つにつれて四十二ページに及ぶ資料は机の引き出しの奥に埋もれた。やがて二人の頭の中に描かれていた新スタジアムのイメージさえも薄れていった。

前沢が球団を去ったのは、それから一年後のことだった。

第二章

眠れる森

1

北広島という街がある。北海道南部の札幌や江別、恵庭などと同じ石狩振興局に属する人口六万人弱の小さな地方都市である。北の玄関口、新千歳空港からJR千歳線に乗ると、札幌に着く少し前に北広島駅に停車することになる。

駅の北西には広大な国有林とともに、木々が無造作に茂った四十ヘクタールほどの土地があった。札幌への旅行者は行き帰りの列車の車窓から、この林のような森のような場所を目にすることになるのだが、気に留める者はいなかった。誰かの記憶に残ることなく、流れゆく景色のひとつとして視界を通り過ぎていくだけだった。

二〇一五年の夏、川村裕樹《ひろき》はその何の変哲もない森の前に立っていた。午後の陽が傾きかけた時刻で辺りは静かだった。川村のジャケットの胸には三角形と波形を組み合わせたバッジがついていた。それは無限の広がりをイメージした北広島の市章であり、北広島市役所の職員である証だった。四十五歳。企画財政部の次長になったばかりの川村はこの日、市庁舎で仕事を終えると帰宅する足を伸ばして、この森に寄ったのだった。

本当にこの土地を切り拓くことができるのか……。

川村は現実感がわかないまま鬱蒼とした木々を見上げた。樹木の一本一本は間隔も高さもまばらで、計画的に植林されたのでないことは誰の目にも明らかだった。「総合運動公園建設予定地」。眼前に広がる森は長い間、そう呼ばれてきた。厳密に言えば、具体的な計画が定まらないまま放置されてきた。

北広島市は明治初期まで札幌郡月寒村《つきさっぷ》の一部であった。そこへ一八八四年（明治十七年）に芸州（現在の広島県）の武家出身である和田郁次郎《いくじろう》らが入植した。当初はわずか二十五戸だったが、和田を指導者に数年がかりで田畑を切り拓いた。不作の年は木炭を売って凌ぎ、稲作に成功した。当時、寒冷地である北海道での稲作はリスクが高いとされていたが、やがて道内一の収穫を上げるようになり、開拓の模範として「広島村」の名を与えられた。以降、村は和田の自宅を役場にして、次第に定住者を増やしていった。

大正、昭和と広島村は畑作中心の農村として発展したが、一九六八年（昭和四十三年）の町制施行を機に都市化へと舵を切った。その際に道営団地の誘致などとともに総合運動公園整備計画が立案されたのだった。だが、事業としての優先順位の低さや役所の財政難から毎年棚上げされてきた。手つかずのまま放置された土地は、いつしか苔むして木々が茂った。一九九六年に町から市となり、「北広島市」が誕生してからも棚上げの状況は変わらず、気づけば計画立案から五十年近くが過ぎていた。川村が目にしているのは、いわば眠れる森だった。

忘れられていた計画が動き始めたのは、この二〇一五年度に入ってからだった。市長の上野正三《まさみ》が四期目に向けて、こんなことを口にしたのだ。

「運動公園用地、何とかしたいよな……」

市長室に呼ばれた川村はその言葉に一応は頷いた。ただ内心では、すぐには実現できないだろうとも考えていた。これまでも何度か公園整備について議論したことはあったが、いつもどこか遠い未来のことを話している感覚だった。

確かに少子化問題を考えれば、若い世代が住みやすい街づくりが必要だった。また北広島の都市化計画の進捗を考えれば、そろそろ運動公園整備に着手するタイミングだと言えるかもしれない。だが、本当にこの小さな街に必要な事業なのかという声は市議会にも少なからず存在した。何より五十年近くも凍結されてきた事業はあまりに未知数の部分が多かった。それだけに上野が運動公園整備を本気で考えていると知った時は驚くとともに、永年の課題だったこの事業を集大成にして辞める気ではないかとさえ勘繰った。

川村は市の企画財政部次長であると同時に、上野の政策ブレーンでもあった。二十歳ほど歳は離れているが、北広島市役所に入庁して以来、上野はずっと上司であり、市役所軟式野球部の監督であり、プライベートでは父親代わりのような存在でもあった。性格も志向も知り尽くしていた。上野は言葉を飾らない人物だった。緩やかに弧を描いた目尻は他者に緊張を与えなかった。だが、その鷹揚《おうよう》さの裏に頑なな一面を持っていた。趣味はスキーのクロスカントリーやマラソンなどの長距離競技で、スタートしたら最後まで走り切ることが信条だった。そんな上野が四期目に向けて運動公園整備を正式に公約として掲げた。川村はもう後戻りはできないと覚悟した。実行部隊である自分も腹を括らなければならなかった。それ以来、仕事終わりや外出の合間に森へ立ち寄るようになった。

川村はまず、官民共同での開発事業を支援する国交省の助成制度「先導的官民連携支援事業」へ申請を出した。その結果、国から一三〇〇万円の補助金が支給されることになった。それを元手に民間の専門機関に土地調査を依頼した。建設候補地としての実態と半世紀の間に変動してきたであろうその価値を知ることから始めなければならなかった。

ただ、不安の一方で胸には微かな昂《たかぶ》りがあった。入庁した頃から抱いてきた秘かな願いが、この事業とリンクしていたからだ。

いつかこの街に野球場をつくりたい——川村はずっとそう願ってきた。長らく、南北海道で野球場といえば円山球場と麻生《あさぶ》球場のことだった。札幌市の南北に位置するこの二つのスタジアムで大きな試合のほとんどが開催されてきた。高校野球の予選はもちろんのこと、二〇〇一年に札幌ドームができるまでは年に一度のプロ野球公式戦も円山球場での開催だった。札幌市東区で生まれ育った川村の胸に思い出として刻まれているのもやはり両球場の光景だった。毎年、夏になると読売ジャイアンツのデーゲームや夏の高校野球予選を見るために円山球場へ足を運んだ。その日だけはいつもと違う街に住んでいるような気分になった。非日常空間の記憶は大人になっても消えることはなく、今の自分の土台になっていると言っても過言ではなかった。そうした人生の一ページに残るようなスタジアムをこの街にもつくることができれば……。それは、長らく眠っていた森と同じように、ひとりの公務員の奥底で凍結されていた願望だった。そして振り返ってみれば、その夢の欠片は二十七年前のあの夏と繋がっているのかもしれなかった。

川村はかつて高校球児だった。十八歳の時に、奇跡と絶望、獲得と喪失とが激しく交錯するような決定的な夏を経験していた。

2

一九八八年は北海道にとって大きな年だった。青函トンネルが開通し、春に海峡線が開業したことにより、道民の暮らしは大きく変わろうとしていた。札幌開成高校野球部三年生の川村裕樹はその夏、甲子園出場をかけて最後の大会を戦っていた。

七月二十六日の朝、川村はまだ空が薄暗いうちに目覚めた。しばらく布団に入っていたが、やがて居ても立ってもいられなくなった。身支度をして玄関を出ると朝靄のなか自転車を漕ぎ出した。まだ市道には通勤の人々がちらほら見えるだけだった。あまり寝付けなかったはずなのに頭は冴えていて、ペダルを漕ぐ足が急いた。この日、川村は甲子園出場をかけて全道大会決勝を戦うことになっていた。

札幌市東区の自宅から札幌開成高校までは二十分ほどだった。正門を入ると、三階建ての校舎の向こうにグラウンドが見えてきた。横長に並んだテニスコートやサッカーコート、野球場にも人影はなかった。当然だろう。夏休みの朝七時前だ。決勝戦のプレーボールまではまだ六時間ほどもあった。川村はグラウンドの東端にある野球場まで歩くと、バックネット裏に置かれた木製のベンチにひとり腰掛けた。そのまま何をするでもなく、金網越しに広がる景色を見つめていた。入学してからほとんど毎日、右翼が極端に狭い、少し歪《いびつ》なこのダイヤモンドで白球を追ってきた。

　左翼線沿いの防球フェンスのすぐ向こうには市道が走り、住宅が建ち並んでいる。市街地にある公立の進学校として知られる札幌開成に野球推薦で入ってくる生徒はいなかった。開校して二十六年、まだ一度も甲子園に出たことはなかった。そんな公立校が地区大会を勝ち抜き、全道大会を勝ち進み、甲子園まであと一つというところまで辿り着いた。新聞もテレビも、公立の雄が快進撃を続ける様子を連日報道していた。今年の夏は特別なことが起こるかもしれない。そんな期待からか、多くの視線が札幌開成に注がれているようだった。その渦中に自分がいる――。そう考えると、とても家でゆっくりしていることはできなかった。

　地元で「カイセイさん」と呼ばれるこの学校に憧れを抱いたのは十歳のときだった。夏休み、父が円山球場へ連れていってくれた。その日は甲子園出場をかけた全道大会の準決勝、東海第四と札幌開成の試合が行われることになっていた。父に手を引かれてスタジアムに着くと、ところどころコンクリートが剝き出しになった高い外壁がそびえていた。夏草と土の匂いに少年の胸は高鳴った。球場ゲートを入り、幅の広い階段を上がると視界が開けた。鮮やかな天然芝のグラウンドが目に飛び込んできた。観衆で埋まったスタンドと、バックスクリーンの向こうに広がる円山の稜線とが、夏空の下で一体になっていた。

　内野席に座った川村少年の眼前でゲームは始まった。優勝候補筆頭の私立校と、ノーマークから勝ち上がってきた公立校の試合は大横綱と小兵力士の戦いのようだった。東海第四のエースが投じるスピードボールは全国区の噂に違わぬもので、札幌開成の小柄なバッターたちは単打を放つのがやっとだった。そして、大きな者と小さな者との力の差はそのままスコアボードに反映され、札幌開成は三点のビハインドを背負ったまま、最終回の攻撃を残すのみとなった。

九回が始まる前、内野スタンドの一角から川村は球場を見渡した。印象的だったのは観衆のほとんどが札幌開成の逆転劇を願っているように見えたことだ。人々は持たざる者が起こす奇跡を待っていた。そして父の隣で野球帽を被った自分もまた、その一員だった。

川村は少年野球チームに入っていた。自宅のある丘珠《おかだま》地区には地元の友人が多く所属していいる強豪チームがあったが、川村はその一員になることに抵抗があった。だから町をひとつ隔てた地区にある万年一回戦負けのチームに入った。なぜ、わざわざ勝てないチームにいくのか――。周囲からは訝《いぶか》しがられたが、そういう性分であるとしか説明のしようがなかった。当時、札幌市民の多くは巨人ファンだったため、界隈の野球チームも「〇〇ジャイアンツ」という名称が多かったが、川村が入団したチームの名はなぜか「中沼ファイターズ」だった。勝つことよりも負けることの多いそのチームで川村は野球を覚えた。このゲームの持つ喜びを知っていった。

最終回、そんな川村少年の眼前で奇跡は起きた。東海第四のエースはマウンドに仁王立ちしていた。札幌開成は相変わらず単打しか放てなかったが、その一本一本が土壇場になって連なった。ヒットが出るたび、もしかしたら……というスタンドの願望が膨らみ、持たざる者たちの力になっていく。小さなヒットの連なりはやがて巨大な壁に亀裂を生じさせ、ついには絶望的に思われた三点差をひっくり返してしまった。円山球場のスタンドは川村がこれまでに見たどの試合よりも沸き返っていた。スタジアムに着いたときの胸の高鳴りは抑えようのない大きな鼓動になっていた。

その日、どうやって帰宅し、何をしたのかは覚えていない。札幌開成が翌日の決勝戦に敗れて甲子園に行けなかったことも記憶に残っていない。少年の脳裏にはただ、あの準決勝最終回に起きた奇跡のような光景と、いつかあの開成のユニホームを着るんだという鮮烈な憧れだけが焼き付いた。

この学校に来たのは間違いじゃなかった……。誰もいない朝のグラウンドを見つめながら川村は思った。そして、押し潰されそうな気持ちになった。川村の胸には、高揚感と同時に忍び寄っているものがあった。川村は人生最大の試合を前にして、かつてない焦燥を覚えていた。まだ暗いうちに目覚めてグラウンドにやってきた最も大きな理由は焦りだった。

最後の夏、川村は札幌開成の四番バッターを任せられていた。地区大会の初戦ではチームを救った。二点リードされた終盤、満塁から走者一掃の逆転タイムリーを打った。最高の滑り出しだったが、異変が起きたのはそれからだった。次の試合から、外角のボールがすべてストライクに見えるようになった。かつてないことだった。ボール球に手を出して、打つべき球を見逃すという悪循環に陥っていく。川村のバットから快音が消えた。

全道大会に入ると状況はさらに深刻になった。自分の選球眼や感覚が信じられなくなっていく。ヒットが出ない焦りからスイングにためらいが生じるようになった。前日の準決勝で札幌開成は大会の優勝候補である私立札幌第一に逆転勝ちした。チームメイトや父兄の中には泣き出してしまう者もいるほどの大金星であったが、その渦中にあっても川村はノーヒットだった。快進撃の中で四番バッターはひとり蚊帳の外にいた。

川村はチーム内で「キング」と呼ばれていた。札幌開成はこの三年間で一本のホームランしか記録していなかったが、それを練習試合で放ったのが川村だったからだ。三振もするし、打てないこともある。だが、いざというときに頼りになる。誰よりも大きなことをやってのけるホームラン・キング。その愛称には、仲間たちの川村に対する信頼が込められていた。ところが最後の夏、最も大事なときに川村はほとんど何もできずにいた。

こんなはずじゃない……。川村は木製のベンチから立ち上がると、バックネット脇の用具庫からバットを取り出した。ひとりグラウンドに出て振ってみた。迷いを含んだ鈍い音がした。もう一度、振った。さらにもう一度……。空気音が朝の静けさの中に響いた。

ひとりバットを振る川村の額に汗がにじみ、それが雫となって頬をつたうようになった頃、チームメイトたちが一人、また一人とグラウンドに集まってきた。川村は焦りを悟られないようバットを置き、汗を拭って仲間たちを迎えた。

それからチーム全員で軽く練習をした後、学校を出発した。決勝戦の舞台は円山球場。かつて川村が奇跡を目撃した、あの場所であった。

3

地下鉄東西線の円山公園駅を降りて地上に出ると、目の前に北海道神宮の杜が広がっている。神宮の外壁沿いには円山球場に向かって緑道が続いていた。肩に開成野球部の黒いバッグを担いだ川村はそのなだらかな坂を上っていた。山紅葉や杉、アカシアの木立が青々とした葉をつけ、夏の陽射しを遮っていた。木々がつくったトンネルの間から漏れる陽光が足元に幻想的な模様を描いていた。円山球場で試合がある度、少年時代から何度も通った道だが、この日はいつもと違って見えた。周りにはチームメイトたちがいた。緊張を解《ほぐ》すためか、あるいは重圧そのものを感じていないのか、談笑している者もいたが、川村はほとんど誰とも言葉を交わすことなく黙々と歩いた。頭の中にはある言葉が響いていた。学校を出発する際、主将の川村卓《たかし》から言われた言葉だった。

「技術は一日では上がらない。気持ちだけはいつもと変えずにいけ。裕樹らしくいけよ――」

朝の素振りのことは誰にも気付かれていないはずだったが、彼にだけは内心の焦りを見抜かれているようだった。

ヒロキとタカシ。野球部には二人の川村がいた。センターを守り、トップバッターを務める卓は、自分や他の部員にはないものを持っていた。忘れられないのはまだ入部初日、野球部のオリエンテーションでの出来事だった。監督や部長の前で新入生が一人ずつ自己紹介をすることになった。誰もが緊張した面持ちの中、ひとり確信に満ちた顔の男がいた。卓だった。彼は立ち上がると、こう言った。

「この学校を甲子園に連れて行くために来ました」

部屋の空気が止まった。川村は呆気にとられた。その場にいるのは中学で地区大会一回戦負けのメンバーばかりだった。誰もが甲子園出場という願望こそ持っていたが、どちらかといえば、それは現実よりも夢に近いものだと分かっていた。

なぜ、この男はこれほど確信に満ちているのか……。卓には他の者たちが見えていない何かが見えているようだった。その日、新入部員の中で「甲子園」と口にしたのは彼だけだった。

川村は幼い頃から自他ともに認めるまとめ役だった。小学校でも中学校でも学級委員や生徒会長に選ばれてきた。人と人の間に立ち、全体のムードをつくることに長けていた。だが、札幌開成の野球部で主将になったのは自分ではなく卓だった。例年のように投票で決めるのでなく、その年に限っては監督が指名した。

「主将は卓。裕樹には副主将をやってもらう」

川村にはその意図が何となく分かった。卓は無口だったが、相手にも場の空気にも忖度することなく核心を口にした。多くを語らず、行動で意志を示すことができた。札幌開成はまだ甲子園に行ったことがなかった。誰も想像できない場所へ辿り着くためには、独りで道を切り開いていく卓のような男が先頭に立つべきなのだろう。そう理解した。

爽やかな風が円山の木立の中を通り抜けていた。夏の初めの空気は澄んでいて、気温はようやく二十五度に差しかかる程度だった。ふと横を見ると、川村の隣をエースの熊木啓介が歩いていた。細身でどこか飄々《ひょうひょう》としたサウスポーはこの春まで投げるたびに打ち込まれ、下級生に主戦投手の座を奪われていた。だが、夏の大会に入ってからはそれまでとは見違えるような投球でマウンドを守り抜き、エースの称号を取り戻した。そして元を辿れば、熊木の尻を叩いたのも卓だった。

川村たちが最上級生となってから、札幌開成野球部はことごとく初戦敗退が続いた。危機感が募った。その末に三年生になる直前の冬、部員だけで地域の公民館に集まった。ストーブひとつに座布団だけの一室でくるま座になった。重苦しいミーティングの口火を切ったのは卓だった。

「これからは俺が投げようと思う」

波紋を呼ぶ発言だった。失点が多いことに対する卓なりの解決策だったのだろう。だが、川村や他の部員たちは反発を覚えた。外野手である卓が急造投手になってどうにかなる問題ではなかった。何よりも、エースの熊木や他の投手たちのプライドがあった。卓の言葉を皮切りに議論は重なっていった。凍えるようだった部屋が徐々に熱を帯びていった。

急造投手になることを取り下げる代わりに、卓が提示したのは冬期のロードワークだった。野手は十キロ、バッテリーは二十キロ、市街を縦断するランニングが始まった。東区の学校を出て札幌駅前で折り返す。吐く息は結晶のようになり、鼻水も汗も凍る中、ジャージ姿の部員たちは真冬の街路を駆けた。そして、いつもトップで学校に戻ってくるのは熊木であった。飛び抜けたスピードボールを持っているわけではない熊木にそんな長所があったことは、チームメイトにも熊木本人にも新しい発見だった。春になり夏が近づくにつれて熊木のボールには糸を引くような伸びとキレが甦った。スランプに沈んでいた男は投げることではなく走ることによって何かを取り戻したようだった。

川村は円山球場へ続く坂道を上りながら、これから決勝のマウンドに向かう熊木の横顔を見やった。エースはいつものように飄々とした佇まいで歩を進めていた。熊木も卓も、他のメンバーたちもそれぞれが自分の役割を果たしていた。

やがて木立の向こうに球場のシルエットが見えてきた。ところどころ亀裂の入った見覚えのある外壁がそびえている。球場の外周にはすでに人の列ができていた。人々は黒いジャージ姿の開成ナインを見つけると声を上げた。

「開成、勝てよ！」

「今年こそ、甲子園行けよ！」

決勝戦の相手は北海道桜丘。地力に勝る私立の強豪校であった。少年時代のあの日と同じだった。人々は小さな者が巨大な相手に打ち勝つ姿を望んでいた。そこに日々を生きるための希望を見出そうとしているようだった。

誰も現実的には考えられなかった甲子園が手の届くところにあった。卓は、あの入部の日からこの光景が見えていたのだろうか……。川村はあらためて甲子園に行きたいと強く思った。

「裕樹らしくいけよ――」

卓の言葉が頭をよぎった。自分には何ができるか。自分らしさとは何か。四番バッターは焦りと不安を抱えたまま、スタジアムの門をくぐった。

4

快晴の下、プレーボールを告げる球審の声がグラウンドに響き渡った。円山球場に詰めかけた観衆は内野席だけでは収まりきれず、普段は開放しない外野席まで埋まっていた。

決勝戦は一進一退の展開になった。札幌開成が初回に二点を先制すると、地力に勝る北海道桜丘がすぐさま迫る。一点差の緊迫した展開のまま六回裏を迎えた。一点をリードする札幌開成はノーアウトから一塁にランナーを出した。

このイニングだ――ベンチの誰もが直感していた。追加点を奪えるか、奪えないかで流れが変わる。そんなゲームの分水嶺で四番の川村に打席が巡ってきた。

川村はベンチ前で一度、二度とバットを振ってバッターボックスへ向かった。相手投手に対峙すると、マウンドの向こうに夏空と円山の稜線が見えた。十歳の夏に目撃したのと同じ光景だった。憧れの場所に立っている実感があった。

「四番は川村裕樹しかいないですよ。彼は良い時も、悪い時もうちのムードメーカーなんです——」

監督は報道陣にそう言って、この日もメンバー表の四番の欄に川村の名を書いた。ベンチでは仲間たちが祈るように自分の背中を見つめていた。どんなことをしてでも打ちたかった。今まで、これほど一本のヒットを渇望したことはなかった。だが、川村はいまだ自分自身には確信が持てずにいた。この打席までノーヒット。相変わらず外角の球は全てストライクに見えた。初回のチャンスでも三振していた。正直、打てる気がしなかった。川村は半ば自分に絶望しながらバットを構えた。

そのとき、ふと三塁線の脇に立つ男に目が止まった。三塁コーチャーズボックスの白浜真だった。入学試験の成績は学年トップ。勤勉を絵に描いたような秀才は入部した当初、よく川村にこう言っていた。

「俺、下手くそだけど野球が好きなんだ」

三年間のうちに一度でもいいから公式戦の打席に立つのが目標なのだと、白浜は言った。野球部の同級生は仲間であると同時に限られたポジションを争うライバルでもあったが、彼を見ていると心底からレギュラーをつかんで欲しいと思えた。それくらい野球に対する純度が高かった。入学当初は実力不足の面もあったが、白浜は着実に力をつけていった。もう少しで背番号をもらえるところまできていた。そんな矢先、二年生になったばかりの春の練習中に悲劇は起きた。打球を追っていた白浜が突然、グラウンドに倒れ込んだ。うずくまったまま起き上がれない。誰もが重傷だと悟った。

診断の結果は右膝前十字靭帯断裂。全治には一年を要するという大怪我だった。高校球児として残された時間は一年と数カ月しかなかった。おそらく白浜が公式戦のグラウンドに立つことはないだろう。もしかしたら、もう部にも戻ってこないかもしれない……。川村はその時ほど現実の無情を呪ったことはなかった。

だが、白浜は帰ってきた。退院するとすぐに松葉杖をついてグラウンドにやってきた。他の部員のためにボールを拾い、トスを上げた。そして最後の夏が迫ってきたある日、ベースコーチの練習を始めた。白浜が個人の夢に幕を下ろした瞬間だった。白浜がどれほど試合に出たいかを川村は知っていた。以前のようには動かない身体でどれだけバットを振り、鉄アレイを上げてきたかを間近で見てきた。ベースコーチに立つ彼の胸にやり切れない思いが渦巻いているのは顔を見れば分かった。公式戦の打席に立つ夢は叶わなかった。それでもなお白浜は、仲間とともにグラウンドに立つことを選んだのだ。

その白浜が決勝の舞台で声を張り上げていた。祈るように川村を見つめていた。白線の外側に自分のポジションを見出した男の姿を見て、川村はもう一度、自問した。

自分らしさとは何か。自分にできることは何か——。

川村はバントをした。一塁線へ転がそうとしたが、それすらままならなかった。打球はファウルゾーンへ切れてしまいそうだった。犠打も決められないのか……。そう思った次の瞬間、白球はどういうわけか不自然なバウンドをしてフェアグラウンドに戻ってきた。視界の先に慌ててボールを処理する相手選手が見えた。交錯する歓声と悲鳴の中、川村は一塁ベースめがけて頭から突っ込んだ。

「セーフ!」頭上で審判の声がした。ベースを抱きかかえたまま泥だらけの顔を上げると、ベンチで熊木ら仲間たちが立ち上がっているのが見えた。三塁コーチボックスの白浜が川村めがけて何かを叫んでいた。卓が頷き、手を叩いていた。それは川村が決勝戦で放った唯一のヒットだった。札幌開成はその回に決定的な三点を奪った。

九回、最後はエース熊木が見逃し三振で締めくくった。札幌開成が初めて甲子園切符をつかんだ瞬間、川村はレフトにいた。緑の芝の上からマウンドめがけて走った。見たことのない景色が広がっていた。仲間たちが折り重なるグラウンドと、観衆で埋まったスタンドが一体となり、球場全体が揺れているようだった。震えるような体感によって少年時代の憧れが塗り替えられていった。熊木も白浜も、ポーカーフェイスの卓までもが顔をくしゃくしゃにしていた。だが、歓喜の輪が解けて、校歌を歌い終え、表彰式になってもまだ泣いていたのは川村だけだった。どういうわけか、泣いても泣いても涙が止まらなかった。胸の中には歓喜と安堵と、そして悔しさがあった。それら幾つもの感情が入り混じって心の堰を決壊させていた。そんな川村の胸中を知る由もなく、仲間たちはいつまで経っても泣き続けている四番バッターを不思議そうに見つめていた。涙の理由は誰にも言えなかった。

その夜、東区の自宅に帰ると玄関口に入りきらないほどの靴があふれていた。襖の向こうから笑い声が聞こえ、アルコールの匂いが漂っていた。居間に顔を出すと、近所の知り合いという知り合いが集まっていた。その真ん中で父が恍惚の表情で微笑んでいた。

父は襟裳《えりも》の漁師の家に生まれた。十二人兄弟の末っ子だった。苫小牧の高校に通っていたころは野球部員だったという。祖父の漁師気質を継いだのだろう、曲がったことが嫌いで情に脆かった。川村が小学生の頃、ある試合で相手チームの監督が選手を理不尽に怒鳴りつけていた。すると、それを見た父が部外者であるにもかかわらず相手ベンチへ抗議に乗り込んだことがあった。そんな父が破顔しているのを見ると、川村はようやく自分が成し遂げたことの大きさを実感することができた。だから悔しさは隠し、笑ってみせた。

決勝戦の翌日から札幌の新聞やテレビはことごとく札幌開成の快挙を特集した。市民や関係者から億単位の寄付金が集まり、甲子園大会には盛大な壮行会で送り出された。

初めての大舞台では大分の津久見高校と戦った。初戦で敗れたものの、後にプロ野球界でエースとなる剛腕・川崎憲次郎に十一安打を浴びせたナインは大きな拍手で市民に迎えられ、称えられた。決して野球エリートではない普通の高校生たちが甲子園まで駆け上がった一連のドラマは「ミラクル開成」と呼ばれ、季節が変わっても語られることになった。彼らは一躍、市民のヒーローとなり、ある意味でそれぞれの人生を変えるような夏を過ごした。

だが、川村の行く先にはその夏を境にして影が落ちることになった。

父の体調に異変が起こったのは甲子園から戻って、しばらくしてからだった。状態は日に日に下降線をたどり、やがて自営していた配送業も休止せざるを得なくなった。川村と弟。まだ成人前の息子を二人抱えた川村家の収入はぴたりと途絶えた。

その頃、高校では進路を考える時期になっていた。札幌開成の生徒は毎年ほぼ一〇〇パーセントが進学する。野球部の仲間たちも大学を目指して受験勉強を始めていた。川村も例外ではなく、秘かに早稲田へ進学する希望を抱いていた。東京六大学野球、神宮球場への憧れが根底にはあった。甲子園出場によって受験勉強のスタートが遅れたため、浪人覚悟で挑戦してみようという気持ちだった。だが、家庭の状況を見れば、とても自分の願望を口にすることはできなかった。

秋が深まってくると、母は川村と顔を合わせるたびに、こう口にするようになった。

「ごめんね……」

幼い頃から母には叱られた記憶がなかった。何かを禁止されたこともなかった。いつも家庭に穏やかな空気が流れるよう心を砕いているような人だった。野球のルールを知らないのに試合に足を運んでくれた。野球部でもクラスでも自然とムードメーカーになった川村は、おそらく自分は母に似たのだろうと思うことがよくあった。そんな母の表情が翳っていく。「ごめんね」と言われるたび胸に痛みが走った。

川村は冬になる前に大学進学を諦めた。目の前の現実と向き合って就職することにした。これから先のことを考えれば公務員がいいだろうと考え、実家から遠くない場所を探し始めた。札幌に隣接する広島町という役場で人員募集があった。試験当日、川村は初めてJR千歳線の北広島駅に降り立った。そこには見知らぬ土地の、見知らぬ景色が広がっていた。

5

一九八九年の春、十八歳の川村は広島町役場の一員となった。北広島から夕張郡まで続く道道一〇八〇号線に面した古びた庁舎に整列し、そこで辞令を受けた。民生部生活環境課。それが最初の配属先だった。辞令交付式が終わると、新人たちは各課の職員に引率されて配属部署へ向かうことになっていた。だが、川村にはいつまで経っても迎えが来なかった。仕方なく庶務課の職員に連れられて課に向かった。初めての職場への礼儀として、父と母に買い揃えてもらったスーツを着て、ネクタイを締めていった。ところが課に着くと、年長者たちが川村を見て怪訝《けげん》そうな顔をした。

「おい、新入り。お前、仕事舐めてるのか?」

川村は何のことを言われているのか分からなかった。

「そんな格好で仕事できるわけないだろうが。すぐに着替えてこい」

見渡すと課の人間はほとんど全員がノーネクタイの作業着姿だった。壁には書類用キャビネットの代わりに、雨ガッパや長靴がぶら下がっていた。どことなく工事現場の事務所のような雰囲気だった。

自分は一体、ここでどんな仕事をするのか……。川村は漠然とした不安を覚えながらも踵《きびす》を返し、近くに借りているアパートへ着替えを取りに走った。

生活環境課の仕事はカラスの駆除から墓の移設や管理、事故の野次馬整理まで、ありとあらゆることに及んだ。つまりは市民のための〝何でも屋〟だった。川村が抱いていた公務員のイメージとはかけ離れていた。机に向かうことはほとんどなく、毎日のように作業着姿で市街へ出動した。

ある日、朝から課の電話が鳴った。

「野犬が逃げているから、すぐに来てほしい」

市民からの通報だった。川村はすぐに先輩課員とともに役場のバンに乗り込んだ。一九八〇年代になっても北海道では野生化した犬が住民を悩ませていた。それぞれの地域に大型で凶暴なヌシのような個体がいて、課員はその対応に追われていた。

庁舎の前を走る道道を北へ向かうと、すぐに輪厚川《わっつ》が見えてきた。十年ほど前、夏の長雨によって大氾濫を起こした川も普段はごくごく静かな流れを湛えている。川の手前までくると土手に動くものが見えた。近づいてみると大きな野犬だった。

「あいつだな……」

ハンドルを握った先輩課員が険しい顔になった。

「お前は向こうの川辺で待機しておけ」

川村は言われるまま土手を降りて川に向かった。手には木製のバットを持たされていた。人影のない川辺には草が生い茂っていて、風がススキを揺らす音だけが微かに聞こえた。川村はそのまましばらく待った。

　やがて対岸の土手からエンジン音が聞こえてきた。顔を上げると、先輩課員二人がバンで野犬を追い込んでいた。一人はハンドルを握り、窓から顔を出したもう一人が麻酔銃を手にしていた。犬は低く吠えながら、土手を降りて川のほうへと向かってきた。近くで見ると異様に体高があり、荒れた毛並みにはところどころ泥がついていた。野犬は飢えた狼のように歯を剝き出しにして川村のほうへと疾走してきた。思わず後退りしたくなるような光景だった。

　追いつめられたのか、野犬は川村の目の前で水に飛び込むと、上流へ走り始めた。そのとき、先輩課員が叫んだ。

「いけ！　追いかけろ！」

　川村は夢中で水に飛び込んだ。水位は足首が浸かるくらいだった。バットを振り上げ、水飛沫《しぶき》を上げながら川村は走った。昼間の静かな土手に川村と課員たちの叫びがこだました。

　逃げる野犬をどれくらい追っただろうか。犬はついに水から上がると、ハッ、ハッと荒い息を吐きながら反対側の土手を駆け上がった。そして路地を逃げ惑った挙句、民家のガレージへ逃げ込んだ。それを見越していたように先輩課員が待ち構えていた。ガレージのシャッターを閉め、麻酔銃を打って、追走劇は終わった。

「ご苦労さんだったな」

任務完了の合図として先輩課員からポンと肩を叩かれた。川村はそこではじめて作業着が膝まで水に濡れていること、自分が荒い息をしていることに気づいた。そして手にしたバットが異様に重たく感じられた。

野犬を処理すると、特別勤務手当として一頭あたり五〇〇円が支給された。多い月には手当の合計が五〇〇〇円近くになることもあった。生活環境課の仕事は確かに直に市民の力になっているという実感はあった。そういう意味では、初めての配属先としてはこれ以上ない職場だったのかもしれない。だが、川村はそんな日々の中で、ふと立ち止まることがあった。卓や熊木や他の仲間たちが大学生になり、それぞれの場所で白球を追っている時に自分はバットを手に野犬を追いかけている。俺はこれでいいのだろうか……。円山球場での決勝戦も、甲子園球場の景色も、もう随分と昔のことのように思えた。

入庁から数年で川村は総務部税務課に移った。そこで町の財政の仕組みを知った。市制が施行された後に異動した建設部庶務課では開発のための用地買収を担当した。都市化に伴う開発を必ずしも望んでいない市民がいることを目の当たりにした。そうした幾つかの専門的な部署を経てから、行政の総合的な運営をする企画財政部にやってきた。現代人が街に暮らすためには何が必要なのか、開発を望む者と拒む者、官と民、両者の軋轢《あつれき》はどこに生まれるのか、様々な経験をする中で、市役所職員としての自分を形成していった。

同じ市役所で働く女性と恋に落ち、結婚して子供ができた。庁舎から歩いてすぐの土地に家を買った。実家には頻繁に足を運んでいたものの、次第に札幌の記憶は遠くなり、北広島という街での思い出が重なっていった。

そんな中、ひとつだけあの頃と変わっていないことがあった。傍らにいつも野球があったことだ。川村は入庁と同時に市役所の軟式野球部に入っていた。ほとんど誰もが「ミラクル開成」のことを知っていた。

「あいつ、札幌開成の四番だったらしいぞ」

「あれで甲子園に行けたのか？」

周囲のそんな囁きを耳にするたび、あの高校三年の夏を微かに思い返した。北広島市役所の軟式野球部は石狩管内の大会で優勝争いをするほどの力があった。監督を務めていた上野は週末には必ず練習を行い、高校生のような長距離走や体力メニューを課すことがあった。大型連休があれば遠征にも出かけた。束の間、仕事から解放される休日もどっぷりと野球に浸かる。川村はそんな時間が嫌いではなかった。自分は何をしているのだろうかと迷う心の隙間を埋めてくれた。

三十歳になったところで軟式野球部は辞めた。それからは少年野球の指導者になった。長男が所属する「東部カープジュニア」というチームの監督を引き受けたのだ。

川村はまず子供たちに訊いた。

「どこのポジションがやりたい？」

そして選手が望んだ通りのポジションを守らせた。たとえストライクが入らなくても、投手をやりたいという選手には投手をやらせた。どれだけ試合でフォアボールを出しても、本人が申し出るまでは交代させなかった。

ある試合中、投手をしている選手の父親が川村に訴えてきたことがあった。

「ストライクが入らない。これでは試合に勝てません。うちの子を交代させてください」

だが、川村は言った。

「自分がやりたいことをやっているんですから、負けたら次は勝てるようにと考えるでしょう。それが大事じゃないですか。それに見てくださいよ。後ろで守っている選手たちだって、まだ彼を盛り立てようと声を出しているじゃないですか」

攻撃でも、フォアボールを得るための「待て」のサインはつくらなかった。その代わり、川村の率いるチームには「ホームスチール」のサインがあった。たとえ可能性は低くても、冒険や挑戦を好むチームだった。自然、勝つことよりも負けることの方が多かったが、川村はそれでいいと思っていた。今は小さくても、いつか彼らが高校生や大学生、もしくは社会人になったとき、自分より大きな相手に勝てるようになってほしいと、そう考えていた。仕事と野球。北広島で人生を紡いでいくうちに、いつしか川村の胸にはその両輪を繋ぐ夢が芽生えていた。

この街の子供たちに、自分が少年時代に見たような野球場の景色を見せてあげたい。高校野球やプロ野球の試合が日常にある、そんな環境を与えてあげたい。かつての甲子園球児は、都市計画書の隅に埋もれたまま毎年先送りされていく「総合運動公園計画」の文字を目にするたび、夢のスタジアムを頭に浮かべていた。

6

夏の陽がまもなく落ちようという時刻になっていた。眠れる森の木々が四十五歳の川村の眼前で風にそよいでいた。森の周囲には整備されたウォーキングコースがあるだけでほとんど通行人はいなかった。その向こうをおよそ十分おきにJR千歳線が行き交っている。おそらく車窓に映るこの場所に目を留める者はないだろう。これまではずっとそうだった。

だが、これからは違う。川村は自分に言い聞かせるようにイメージした。この森に球場ができて、人が集い、子供たちの声があふれるようになるかもしれない。街のシンボルにさえなるかもしれない。川村は胸に高鳴りを覚えながら路肩に停めていた車に乗り込むと、自宅へ向かった。ハンドルを握る手に自然と力がこもった。昂りは夜になっても消えなかった。

それから数日後、民間に依頼していた土地調査の報告が届いた。結果は川村の予想を上回るものだった。半世紀も眠っていた総合運動公園建設予定地は広さや地質、立地などあらゆる面で開発候補地として高い価値を示していた。

これならやれるかもしれない……。川村は動き出した。まずは開発を共にする民間のパートナーを探さなければならなかった。すでに上野と川村の間では大手スポーツメーカーや海外アウトドアブランドなど、いくつかの候補が挙がっていたが、その一つに北海道日本ハムファイターズがあった。

　総合運動公園が整備されたあかつきには高校野球の予選を開催することはもちろん、年間いくつかのプロ野球二軍戦を誘致するのが理想だった。そして数ある球団の中でも、やはり北海道を本拠地とするファイターズの試合を開催したいというのが上野と川村の本音だった。ファイターズの二軍は千葉県の鎌ケ谷に本拠を置いているが、一軍が札幌をホームとしているため、イースタン・リーグと呼ばれる二軍公式戦のうち何試合かを北海道で開催していた。そのうちたとえ一試合でも北広島に新しくできる運動公園に誘致できれば市民の暮らしに彩りを与えることができるはずだった。

　川村はプライベートで札幌ドームのナイターを観戦することはあったが、ファイターズ球団と仕事の話をしたことはなかった。札幌という大都市に本拠地を持っている以上、難しい交渉になることが予想されたが、二軍戦開催の環境条件さえ整えれば可能性はゼロではないはずだ。川村はひとまず球団に当たってみようと考えた。そして、ふと思い出した。

そういえば、自分が初めて入った少年野球チームもファイターズという名だった。

　中沼ファイターズ――地元の友人たちがいる強豪少年団が嫌で、あえてひとつ隔てた町まで通うことにしたあのチーム。決して強くはなかったが、自分を野球の虜にしてくれたあのチームである。

第三章　フィールド・オブ・ドリームス

1

前沢賢は東京ドームにいた。昼間でも夜でもほとんど表情を変えないエアドームの白い天井の下で内野席のシートに身を沈めていた。二〇一四年の夏、前沢はもう北海道日本ハムファイターズの職員ではなかった。球団を辞めてから三年が経っていた。

場内には拡声器など必要ないくらいの掛け声と荒削りなブラスバンドの演奏が響いていた。スタンド最前列に設けられた台上ではカラフルな衣装に身を包んだチアリーダーが踊り、フェンスの向こうには球音があった。濃緑の人工芝の上にいるのは企業戦士たちだった。都市対抗野球。前沢は例年この時期になると、アマチュア野球最高峰のこのトーナメントを観戦に訪れていた。高校野球でもプロ野球でもなく、社会人の野球が好きだった。

歓声の中、打球が転がった。誰の目にも明らかに併殺打になるだろうと分かる平凡な当たりだった。だが、バッターは観衆のため息など耳に入っていないかのように一塁めがけて駆けていく。九割がた結果は明らかなのに速度を落とすことなく疾走する。前沢がこの大会を観に来る理由の一つだった。

プロ野球ではこうはいかないだろう……。前沢はビールの入った紙コップを手にふと思った。この三年間を思い返すと喉元に苦みが込み上げた。ファイターズを辞めた後、前沢は幾つかの職場を渡ってきた。最初に赴いた横浜ＤｅＮＡベイスターズでは取締役事業本部長を任せられ、プロ野球に参入したばかりのＤｅＮＡ球団の収益を軌道に乗せた。その一方で、当時の球団社長と衝突してわずか一年でベイスターズ球団を去ることになった。その後、ＤｅＮＡ本社での勤務を経て、今は野球日本代表チームを運営する「侍ジャパン」という組織で仕事をしていた。肩書きは事業戦略担当。北海道を去ってからも、これまで通りスポーツマーケティングの世界で生きていた。何不自由することもなく、任せられた仕事があり、それを評価してくれる人もいた。ただ、〝虚業〟に対する微かな自嘲は依然として残ったままで、どこか満たされない感覚があった。同時に胸に引っかかっていることもあった。

ファイターズの観客動員数や事業収入が落ちている――そんな噂を耳にしたのは一年ほど前のことだった。年間二〇〇万人が見えていた二〇一〇年、二〇一一年をピークに緩やかに下降を続けているという。

三谷がいるのに、なぜ？　相棒の顔が浮かんだ。ファイターズの現状が気にならないといえば嘘だった。何気ない会話の中でも古巣の話になると、無意識に心が反応した。だが、自分にはどうすることもできなかった。前沢はファイターズを半ば喧嘩別れのような形で飛び出していた。

二〇一〇年、三谷とともに『ファイターズの今後を考える』という資料をつくった後、事業統轄本部の人事があった。新スタジアム建設計画は現実的なものとして取り合ってもらえなかったが、前沢は自分が事業部門のトップになれば状況を変えられるかもしれないと考えていた。札幌市やドームの取締役と交渉していくためにも役職が必要だった。だが、事業部のトップとなったのは別の人間だった。

なぜ、自分ではないのか？　この球団には今、やるべきことがあり、それは自分と三谷にしかできないことではないのか？

人事について言いたいことを言った。鬱積した感情をぶつけもした。組織に属する者としては一線を超えていたのかもしれない。だが、そうせずにはいられなかった。理想のホームスタジアムを手に入れようとしないのであれば、自分がこの球団にいる意味はないような気がした。そして苛立ちと無力感の果てに、ファイターズを去った。

いつもそうだった。前沢はいま自分が居る場所に、自分自身が嵌まっていないという感覚をずっと抱えてきた。高校時代は千葉県内の強豪校で甲子園をめざしていた。野球推薦で入学した選手たちの中でも抜きん出たエースだった。

だが、最後の夏の三回戦、突然、夢は幕を下ろすことになった。

その日はエースの前沢ではなく、下級生の投手が先発マウンドに立った。「温存だ」と監督からは告げられていた。ただ、予想に反してゲームは接戦となり、前沢は同点の六回、ノーアウトからランナーを許したところで急遽《きゅうきょ》マウンドに上がることになった。慣れない途中からの登板はどこかいつもと感覚が違っていた。

初球、相手はバントをしてきた。前沢は周囲を制して、自らマウンドを駆け降りて捕球した。普通に一塁へ投げればアウトだったが、なぜか手元が狂った。投じた白球は思った軌道をはるかに逸れて外野へ転がった。何が起こったのか、どうしてそうなったのか、自分でも分からなかった。ランナーはそれぞれ三塁と二塁へ進み、相手ベンチもスタンドも沸いていた。エースはその時点で完全に自分を見失っていた。

次の打者への初球、センターオーバーの打球が頭上を越え、夏空に伸びていくのが見えた。心の中で何かが音を立てて切れた。その後も一本、また一本とヒットを許した。その回の致命的な失点によってチームは敗れた。辿り着くべき場所のはるか手前で高校野球は終わった。仲間たちが嗚咽《おえつ》する中、エースの瞳からは涙すら出なかった。

柏市内の自宅に戻った前沢はひとり浴室に入った。空っぽの胸にいくつもの自問が浮かんだ。

なぜ、あの場面で悪送球をしたのか？

そもそも、なぜ監督に最初から投げさせてくれと言わなかったのか？

エースだと自負してきたが、自分はこのチームに嵌まっていなかったんじゃないか？

ここは自分の居るべき場所ではなかったんじゃないか？

そう考えたところで涙が溢れてきた。青春の終わり、前沢はとめどなく溢れる熱いものをシャワーの水に流し続けた。早く大人になりたいと、強く思った。

卒業してから分かったことがあった。甲子園に出場するくらいの高校の選手たちは大舞台に対する鮮明で具体的なイメージを持っていた。大学の野球部で同部屋になった仲間からこう言われた。

「俺はそもそも、自分たちが甲子園に出られないことを想像していなかったよ」

衝撃的なひと言だった。彼は甲子園常連校の出身であり、実際に自らも聖地の土を踏んでいた。高校に入ったときから、彼ははっきりと具体的に甲子園の黒土に立つ自分の像を思い描いていたという。

そこで気づいた。自分たちは甲子園、甲子園と口にはしていたものの、誰もそのイメージを描けていなかったのではないか。心のどこかで、無理かもしれないと考えてはいなかったか。可能性の線で結んだ朧《おぼろ》げな輪郭でなく、もっと鮮明に想像すべきではなかったか。

あのバント処理も右肩と左肩を平行にして投げれば狙ったところにいったはずだった。その技術は大学で知った。甲子園をめざすと言っておきながら、そんな知識すらなかった。

それでも高校野球部の同窓会になれば、俺たちは甲子園をめざして精一杯やったんだ、あの頃に悔いは残していないと、ビール片手に肩を叩き合う。思い出を美化していく。前沢はそんな空気が嫌いだった。祖母の葬式の日、和やかに酒を飲んでいた大人たちに抱いた違和感と同じだった。痛みや嘆きを誤魔化したくはなかった。

だから同窓会の酒席であえて口にした。

「俺たちは知識も技術もなかった。甲子園に行けなくて当然だった」

前沢の一言で酒席は静まり返った。かつてのチームメイトたちが眉をひそめる。仲間たちの顔にはこう書いてあった。

なぜ、わざわざ空気を壊すようなことを口にするのか――。

それを見て、また前沢は思うのだった。仲間たちが悪いわけではない。この場に嵌まっていないのは自分なのだと。振り返ってみれば、前沢はずっと自分の居るべき場所を探して流浪していた。

——東京ドームに再び球音が響いた。先ほどとは逆のチームの攻撃だった。強くも弱くもない打球が内野手の正面に飛んだ。その時点で見ている者は一つのアウトを数える。だが、バッターはやはり一塁ベースに到達するその瞬間まで顔を歪ませて駆けていく。ほとんど毎日のように試合があるプロ野球ではみられない光景だろう。高校野球にはあるかもしれないが、それはときに指導者の強制が背景となっていることもある。前沢は大人の本気が好きだった。自分には今しかない、この場所しかない、それを自覚した者たちが振り絞るもの。それを観るために東京ドームに足を運んでいた。

前沢はグラウンドを見つめながら、ふと思った。自分にはそういう場所があるだろうか……。侍ジャパンという組織が自分にふさわしい居場所だとも思えなかった。自問を続ける中で漠然と浮かんでいたのは、アマチュア球界のために働くことだった。野球の日本代表はプロ選手で構成するトップチームから大学や高校の若年代の代表まで同じユニホームを着て活動している。各年代に日の丸をつける代表チームがあるのはサッカー界と同じだが、その活動費は代表と呼ぶにはあまりに乏しかった。

代表チームの試合は全日本野球協会という一般財団法人が管轄していたが、もともとは全日本アマチュア野球連盟という組織だった。そのためか、マーケティング部門の人材がほとんどいなかった。球界で最も注目を集めるはずの代表戦がそれに見合うビジネスになっていなかった。プロの代表戦で収益を上げられなければ、アマチュア年代の活動費が乏しくなるのは必然であり、それはやがて野球界全体のパイ減少に繋がっていく。野球が二〇〇八年の北京五輪を最後にオリンピック競技から外れたのも頷ける現状だった。

スポーツマーケティングで生きてきた前沢にとって、その状況は逆に可能性と伸びしろがあることを意味していた。誰もが憧れるような代表チームをつくるためにできることがあるのではないか。前沢は自分にそう言い聞かせることで前に進もうとしていた。

ひとつの試合が終わると、また次の試合が始まった、勝者と敗者の明暗をドームの白い天井が表情を変えずに飲み込んでいく。気づけば、コップのビールは温くなっていた。前沢はバックスクリーンの時計を見やると、シートから腰を上げた。この日は夕方からある人物との約束があった。

「近くまで行くんや。焼肉でも食わへんか――」

前沢に声をかけたのは大社啓二であった。日本ハム本社の元代表取締役社長であり、北海道移転後のファイターズ初代オーナーとなった人物だ。二〇一二年からはオーナー代行となっていたが、なぜか大社はもう球団の人間ではなくなった前沢に度々会いに来た。理由は分からなかった。ファイターズにいた頃から、大社には胸の内を読み切れないところがあった。

かつても今も大社は厳然たる支配層であった。そういう立場にいる人間はたいてい自分の目線と同じ高さか、それより上を見る。何か知りたいことがあれば同じく権力層にいる人間と交流し、そこから情報を得るものだ。わざわざ地上に降りてくる必要などなく、ただ大空を舞っていればそれでいいはずだった。

ところが大社はあえて土を踏み、路地に分け入り、その隅々までを見てまわるようなところがあった。オーナーだった時代からすべての球団職員と膝を突き合わせて面談し、メールのやり取りまでしていた。管理職だけではなく、現場の末端にいるスタッフたちの声まで聞いた。それは好奇心のようでもあり、世の中の真理がどこにあるかを知っている人間の振る舞いのようにも見えた。

上司とぶつかることの多かった前沢は大社のそういう部分に救われたことが何度かあった。立場の違いを越えて腹の内を曝《さら》け出せる相手だった。球団を去る直前も大社の元を訪れた。人事に憤り、自分の居場所はここではないと尖《とが》る前沢に、大社は目尻を下げたまま「そうか」と言った。「お前の好きにしたらええやないか」

引き留めようとはしなかった。大社は何についても直接介入することはなく、それでいて突き離すこともなかった。DeNAベイスターズへ移る際、前沢はDeNA球団オーナーの春田真と新宿の京王プラザホテルで会うことになった。大社は古巣のオーナーとしてその場に同席してくれた。そして侍ジャパンで仕事をするようになった今も、東京近郊まで来ると「会わへんか」と前沢に声を掛けてきた。

二人で会うときは焼肉店に入ることが多かった。

「で、最近どうなんや？」

大社は網の上の肉を自ら焼きながら、距離を感じさせない関西弁で近況を問うのだった。前沢にとっては遠慮なくファイターズの内情を聞けるという意味でも不可欠な時間だった。だが、ふとした瞬間にいつも根本的な疑問に立ち返らざるを得なかった。

この人はなぜ、もう球団の人間ではなくなった自分に会いにくるのか？　自分がどこへ行っても、変わらない距離を保ち続けるのはなぜか？

大社に対する不思議さはいつまでも消えなかった。

2

北国に秋の気配が忍び寄っていた。札幌市内ではとんぼの羽のような細長い葉を持つナナカマドやヤマカエデといった街路樹が微かに色づきはじめ、道ゆく人々を見下ろしていた。二〇一四年シーズンが終盤に近づいたある日、北海道日本ハムファイターズ球団代表の島田利正は頭を悩ませていた。整然と机の並んだオフィスには人が行き交い、忙しなかった。選手たちにとってもクライマックスを迎える季節だが、フロントマンの仕事もここから本格的に動き始める。そして、この秋は例年に増してやらなければならないことが山積していた。北海道に移転して十年、島田にはこの組織が過渡期を迎えているという危機感があった。

グラウンドだけをみれば上々だった。このシーズンのファイターズは開幕直後こそ下位に沈んだものの、夏場からはAクラスをキープしていた。このまま三位以内に入ってプレーオフとなるクライマックスシリーズに進出すれば、ファンには最後まで希望を抱きながら野球を観てもらうことができる。入団二年目の大谷翔平がピッチャーとして二ケタの勝利を挙げるなど次のシーズンへの芽も吹いた。監督就任三年目の栗山英樹の下、人々を惹きつけるに足るチームが完成しつつあった。

だがその裏で、球団そのものにはひび割れが生じていた。観客動員数は二〇一〇年頃をピークに緩やかな下降を続けていた。それに対して札幌ドームという箱には変化がなく、ファイターズとドームとの〝借家契約〟も変わらなかった。原点に戻らなければならない……。島田は危機感を覚えていた。

振り返ってみれば北海道に移転してから最初の二年は思うように客が入らなかった。スタンドの空席が目に痛かった。だが今、球団にいる職員や現場の選手やスタッフはほとんどがその当時を知らない。満員の札幌ドームになってから球団にやってきた者たちだった。島田の目から見れば、不満は多々あった。選手はなぜもっと観衆の視線を意識しないのか。かつて新庄剛志が浸透させた、見られる者としてのプロフェッショナリズムはどこへ消えてしまったのか。そして、なぜ札幌ドームのスクリーンにはスポンサーのコマーシャルばかりが流されるのか。いくらテレビの視聴率が上がっても、スタンドに人を呼べなければ球団はいずれ衰退する。島田は球団としてもう一度、スタジアムに足を運んでくれる観衆の視点に立たなければならないと感じていた。北海道移転十年となったこのシーズンの開幕戦、島田は始球式にひとりの市民を起用した。移転初年度、初めて札幌ドームで行った公式戦で始球式を務めた一般女性だった。それは球団内外に向けた原点回帰のメッセージであった。

だが、結局、下降線に歯止めはかからなかった。二〇一四年の動員数も前年を下回ることは確実な見通しだった。このままではだめだ……。危機感は日に日に大きくなっていった。

この球団で働き始めて三十年あまり、島田はかつて似たような焦燥を経験したことがあった。それはまだファイターズが東京ドームを本拠地にしていた一九九〇年代のことだった。当時、島田は通訳兼渉外担当だった。高校までアメリカンスクールに通っていた語学力を生かして、通訳だけでなくアメリカでの選手獲得交渉にも携わっていた。アメリカと日本、全米各都市のボールパークと東京ドームを行き来する日々の中、次第にある違和感が芽生えてきた。このチームのファンは一体、どこにいて、ホームはどこにあるのか？

東京ドームが開業した一九八八年当時、ファイターズ戦の観客動員数は増加した。だが、それは日本初のエアドーム球場に対する関心からであった。事実、それから年ごとにスタンドには空席が目立つようになった。連日満員になるジャイアンツ戦とのギャップが鮮明になっていった。東京ドームは多くの人々にとって読売巨人軍の本拠地であり、日本ハムファイターズを思い浮かべる人はわずかであった。たとえ十点差で負けても、次こそはと観に来てくれる人がどれだけいるか。島田は閑古鳥が鳴くスタンドを見上げながら漠然と

「ここを出なければダメだ」と感じていた。そして今、島田はあの時代と似たような感覚に襲われていた。

北海道移転には成功した。だが、自分たちは本当にホームを見つけたのだろうか——。

そう考えると、いつも頭に浮かぶ顔があった。前沢賢。四年前の経営会議で新スタジアム建設計画を提案した男だ。もう球団にはいない。上司と衝突し、居場所を求めるように去っていった。ただ、島田はその後も前沢とは顔を合わせていた。

球団代表という立場にある島田は十二球団で構成される国際関係委員会という会合の委員長を務めていた。野球日本代表チームについて議論する場であったため、侍ジャパンで働く前沢とはその会合のたびに話す機会があった。前沢は決まって尋ねてきた。

「事業部はどうなってますか？」

喧嘩別れも同然に飛び出していった前沢だが、いまだこの球団への思いを胸に宿していることが伝わってきた。

まだ球団にいた頃、前沢は「ブルドーザー」と呼ばれていた。年長者にも主張することを躊躇《ためら》わず、調整や根回しよりもまず実行を選ぶことからその異名がついた。そんな彼に対して賛否両論はあったが、島田は前沢の組織に嵌まらない尖った部分が嫌いではなかった。かつての自分を見ているような気持ちになったからだ。

前沢の推進力はとりわけ、財務的観点から物事を見ることに長けた三谷仁志とコンビを組むと発揮された。互いの凹凸がぴったりとはまっていることが第三者の目からも分かった。良くも悪くも二人が企画することは事業部門の熱源になっていた。ところが、前沢がいなくなってからは部署そのものにぽっかりと穴が空いたようだった。三谷もその存在感を失っているように見えた。

前沢が去ってからホームスタジアム問題は次第に色濃く影を落とすようになり、球団はもがき続けてきた。札幌ドームとの関係を変えようと交渉し、指定管理者契約を結べないのであれば、せめて球場使用料の値下げやドーム内の改装許可を求めた。だが要求はことごとく認められなかった。そして数年に一度、札幌市役所スポーツ局から新たな人物がドームの取締役として降りてくるたび、また一から議論を始めなければならなかった。その不毛な交渉の果てに球場問題はほとんど手詰まりの状態になっていた。

島田の頭の一隅には、前沢と三谷が提出した資料の残像があった。当時はまだ絵空事のように思えた新スタジアム構想が真に迫って浮かんでいた。この現状を打破できるのは、あいつしかいないのかもしれない……。

島田にはあらゆる状況が前沢を必要としているように映っていた。過渡期を迎えた球団に必要なのは本当のホームスタジアムとそれを実現できる人材なのかもしれないと思えた。そして、何よりそう感じさせたのは大社の動きだった。

「大社さんが頻繁に前沢と会っているらしい――」

その噂は耳にしていた。何か意味があるような気がした。大社は決して自らが表に出ることはないが、この球団を改革し、導いてきた人物だった。少なくとも島田はそう考えていた。

　まだ島田が東京ドームで通訳をしていた頃、思い余って当時の球団社長宛に日米の球団運営に関するレポートを提出したことがあった。スタジアムを複合的な娯楽施設の一つであると考えるアメリカに対し、日本は野球を観せるための単体施設であると考えていること、ファイターズは地域と球団の繋がりという意味で、アメリカにも国内他球団にも差をつけられていることなどを書いた。全員が読んでくれなくてもいい、万が一にでも誰かの心に引っかかってくれればという思いだった。

　するとしばらくして本社の秘書から連絡があった。当時の日本ハム代表取締役社長であった大社がレポートについて詳しく話を聞きたいという。にわかには信じられなかった。ひとりの通訳が記した書類が球団幹部を飛び越え、親会社トップの目に留まったのだ。

　指定されたのは日比谷の帝国ホテルだった。

「君の書いたレポートは本当にその通りだと思う」

　雲の上にいると思っていた人が現場の末端スタッフの声に耳を傾けている事実に、島田は痺れるような思いだった。身を硬くしながらレポートについて説明する島田に対し、大社はいくつも質問を投げてきた。ここに留まっていてはならないという危機感をグループのトップと共有している感触があった。後から分かったことだが、この時点で大社の頭にはフランチャイズ移転構想があったという。

　数カ月後、大社から再び連絡があった。

「この間のレポートだが、北海道移転を前提にして書き直してもらいたい。いつかやるという曖昧なものではなく、具体的な日付も入れてくれ――」

それからまもなく島田は本拠地移転準備室へ配属された。そして二〇〇三年秋、大社は球団オーナーとして、島田は球団戦略室長として北海道への移転を実現させた。

大社の視線はいつも目の前の景色ではなく、その先を見通しているようだった。島田はファイターズの球団代表となってからも大社の言動を道標にしてきた。だから今回も、大社が何かの考えなく前沢のところへ足を運んでいるとは思えなかった。そこにはきっと何らかの意図がある。球団に対する無言のメッセージのようにも思えた。

やはり現状を変えられるのは、前沢しかいない……。秋が近づく球団事務所で島田は静かに覚悟を決めた。そして数日後、大社に胸の内を明かした。前沢を球団に戻そうと思います――そう告げると理由を問われた。島田は少し考えてから、こう答えた。

「球団の中にはラブ・ミーの人間もいます。何より自分のことを優先する。ただ、彼は違います。私が知る限り、前沢はラブ・ファイターズの人間です」

大社は何も言わず頷いただけだった。

それから島田は根回しを始めた。前沢は事業部の上司と衝突した末に出ていった。復帰するとなれば波風が立つだろう。少なくとも、各部署をまとめている人物にはあらかじめ了承を得ておく必要があった。その中でも島田の頭に真っ先に浮かんだ人物がいた。

吉村浩。ファイターズのゼネラルマネージャーであり、移転後の輝かしいチーム成績を支えた陰の立役者と言われている男だった。

3

二〇一四年シーズンも終わりに近づいたその日、吉村浩は西武ドームにいた。一塁側ベンチ裏のビジター球団控室でゲーム開始を待っていた。現場に赴き、絶えず変化するチーム状況を把握しておく。それもゼネラルマネージャーとしての重要な仕事だった。

試合前の控室は人でごった返していた。ベンチ裏の細い通路に面した決して広くない室内にマネージャーや広報、トレーナーやスコアラーなどのチームスタッフが慌ただしく出入りしていた。その中に球団代表の島田がいた。島田は何をするでもなく、巨体を椅子に沈めたまま、じっと窓の向こうのグラウンドを見つめていた。吉村はその仕草や空気から、何か内密の話があるのだろうと直感していた。島田とは北海道移転直後からともにこの球団の背骨をつくってきた間柄だった。言葉を交わさなくとも胸の内は察することができた。

午後六時のプレーボール間際になると、室内は急に静かになった。スタッフたちはベンチやロッカー室に向かい、控室は吉村と島田の二人だけになった。

「吉村さん、ちょっと相談があるんです」

案の定、島田は人がいなくなるのを見計らって切り出した。何かチーム編成の相談事かと思っていたが、意外な人物の名前が出た。

「じつは、前沢を球団に戻そうと考えてるんですが、どう思いますか？」

島田が決意を持ってそう口にしていることは声の調子から分かった。だが、吉村はすぐには返答することができなかった。胸に決して小さくない躊躇いがあった。

前沢のことはよく知っていた。吉村が率いるチーム統轄本部と前沢のいた事業統轄本部は仕事の種類も、オフィス内のシマも分かれてはいたが、印象に残る人物だった。

あれはまだ前沢がファイターズにやってきたばかりの頃だった。新入職員の研修を兼ねてアメリカ大リーグのニューヨーク・ヤンキースを視察に行った。当時、まだGM補佐という立場だった吉村はかつて大リーグ球団で仕事をしていたこともあり、その引率役を務めることになった。一行でヤンキースタジアムを訪れた夜、ニューヨークの街で食事をしてからホテルへ戻った。解散してまもなく、吉村の部屋をノックする者があった。ドアを開けると、前沢が立っていた。どこか思い詰めたような顔をしていた。

こんな時間に何の用件だろうか……。吉村はまだ前沢について、J・坂崎マーケティングというスポーツマネジメント会社から移ってきた事業部門の若手職員というくらいにしか知らなかったが、その眼に直情的な熱を宿しているのが印象的だった。

「まあ、入れよ」

吉村は前沢を招き入れると、グラスに氷を割ってウィスキーを出した。自らのグラスにはソーダを注いだ。吉村は酒を飲まなかった。

「吉村さん……」

前沢はまだウィスキーに口をつけるかつけないかのうちに切り出した。

「吉村さんは辞めないですよね？　ずっと、この球団にいますよね？」

なぜ会ったばかりの自分にそんなことを問うのかと不思議に思ったが、冗談で言っているのではないことは伝わってきた。

「吉村さんは、この球団をちゃんとしていく人ですよね？」

前沢はまだ球団にやってきたばかりだったが、すでにこの球団の構造や問題点、ひいては吉村の性質まで見通しているようだった。

吉村もまた前沢と同じように、ファイターズにたどり着くまでにいくつかの組織を渡り歩いてきた。もともとは新聞社にいたが、そこからパシフィック・リーグ事務局に移り、渡米してデトロイト・タイガースのフロントマンになった。帰国後、阪神タイガース球団で仕事をしていたところをファイターズにヘッドハンティングされた。

自分がやりたいことは何か？　自分が居るべき場所はどこか？

野球への関わり方こそ異なっていたが、吉村も前沢もそれを求めてファイターズにやってきたという意味では同じだった。そう考えれば、前沢の唐突な質問の意味も分かる気がした。つまり彼はここが自分の居るべき場所なのかどうかを確かめているのだ。

だから吉村はなるべく過不足がないように答えた。

「ああ、すぐには辞めることはないと思うよ」

それを聞いて、前沢はいくらか落ち着いたようだった。ウィスキーのグラスに口をつけて少し微笑んだ。正直な男だな、と吉村は思った。それからお互いのこと、球団のことを少し話した。時間にすればわずかだったが、印象的な夜だった。

そんな前沢が二〇一一年にファイターズを去っていく姿を吉村は複雑な思いで見ていた。事業統轄本部の人事をめぐって何が起きているかは、同じフロアにいる者なら誰でも知っていた。その頃の前沢は焦っているようだった。もともと急進的なところはあったが、『ファイターズの今後を考える』という資料を経営会議で提出してからはさらに拍車がかかったように見えた。だが、球団組織も札幌という街も、彼の歩調とはまったく別のスピードで動いていた。人事でも権限は与えられなかった。彼は苛立ち、もがいているようだった。そして衝突を繰り返した末にファイターズを出ていった。

その前沢を呼び戻す――。

島田の言葉に吉村は問い返した。

「大丈夫ですか?」

前沢復帰によって球団内の人間関係に軋轢が生じる恐れはあった。ただ、それ以上に吉村が危惧していたのは前沢の構想力や推進力を生かすような環境が球団内にあるかということだった。つまり自分や島田も含めて、この球団に新スタジアムをつくる覚悟があるのか。それが返答を躊躇う大きな理由だった。

球場問題は手詰まりだった。まるで手ごたえのない札幌ドームとの交渉を続ける中で、島田や吉村の頭に別のスタジアムという選択肢が芽生えたことがなかったわけではない。

ただそれは、夏場だけ円山球場を改装して使用するというような、あくまで既存の球場をベースにしたものだった。二〇一〇年に前沢と三谷が提案したような開閉式屋根のついた屋外天然芝のまったく新しい自前のスタジアムをつくることが理想なのは分かっていたが、莫大な建設費や札幌市やドームとのしがらみを考えれば踏み出すことはできなかった。それはあまりにリスクが大きいように思えた。

吉村はこの球団にベースボール・オペレーション・システム（BOS）を導入した人物として知られていた。BOSとは、スカウティングと育成という基本方針のもと、独自の計算法と指標で選手を評価するシステムだった。選手の年齢や成績などあらゆるデータを入力すると指数が弾き出され、契約の締結や解除、補強の判断基準になっていた。吉村はプロ野球のチームづくりとは、編成の実権を握った者の時々の個人的感情で決断されるべきではなく、球団の理念に基づいた永続的な物差しに基づくべきだと考えてきた。移転後に球団初のGMとなった高田繁の下で補佐をしていた当時から、このシステムを用いて選手の獲得や放出などにリスクとリターンとその根拠を示してきた。そういう意味で〝ファイターズの頭脳〟と呼ばれていた。そんな吉村にしても、新スタジアム建設計画はあまりに未知数だった。球団が危機的な状況に陥るか、大きなパラダイムが変わらない限り、不可能だと割り出されていた。

島田の口から前沢の名前を聞いたとき、もしかしたら彼ならば突破口を見つけられるかもしれないという思いがよぎったのは確かだった。あのニューヨークの夜の直情的な眼が浮かんだ。データや理論では測れないものを前沢は持っていた。もし球団に復帰すれば、彼は今度こそ新スタジアム建設を実現させようとするだろう。札幌市やドームとの軋轢や、巨額投資のリスクを抱えたまま突っ走るだろう。では、自分たちに前沢とともに走る覚悟があるか——吉村は答えを出せなかった。

その夜、チームが宿泊する東京立川市のホテルに戻っても思考は巡っていた。冷めた脳回路とは裏腹に吉村の胸の奥では熱いものが脈打っていた。この球団がずっと求めてきたホームスタジアムを自分たちの手でつくる——吉村はホテルの部屋でひとりまだ見ぬスタジアムを想像してみた。五十歳のGMの胸によみがえるものがあった。まだ人生の道を見つけられていなかった二十代の記憶だった。夢の球場。フィールド・オブ・ドリームス。振り返ってみれば、それこそが、かつて新聞記者だった吉村をこの世界に導いた原点だった。

4

一九九〇年の春、東京の桜は例年より少し早く開花した。三月も終わりのその朝、吉村浩は世田谷区北沢のアパートで目覚めた。小さな木造二階建てに四部屋がひしめき、洗濯機は外置き。車が通れば両端をこすってしまいそうなほど細い路地のどん詰まりにあるこの物件を選んだのは七万三〇〇〇円という都心では安価な家賃だけが理由ではない。京王線の笹塚駅まで徒歩五分という立地からだった。乗り換えなしの一本で川崎のジャイアンツ球場まで行ける。二十六歳、まだ駆け出しのスポーツ新聞記者からすれば、それは何にも勝る条件だった。

吉村は巨人軍の担当記者だった。三人いる担当の中で最もキャリアの浅い吉村の日課は日の出とともに起きて、ジャイアンツ球場に向かい、そこで二軍選手たちを取材して、陽が傾き始めた頃に一軍のナイトゲームが行われる東京ドームへ急行するというめまぐるしいものだった。とくに開幕が近づくこの時期は例年休みなしの繁忙期だった。

だが、この日はいつものように慌ててアパートを飛び出す必要はなかった。シャツもネクタイも、カバンすらいらなかった。吉村はゆっくりと身支度をして、ほとんど何も持たずに独り住まいを出た。小さなアパートを振り返ると、屋根には衛星放送のアンテナが立っていた。それもここに住んでいる理由の一つだった。

路地を抜けて笹塚観音通り商店街に出ると、アスファルトに柔らかい光が差していた。陽気につられたのだろうか、いつもより人通りが多い気がした。プロ野球のシーズン開幕まで一週間ほどに迫ったこの時期にのんびりと商店街を歩くことなど、これまでなら考えられないことだった。解放感はあった。だが同時に虚脱感もあった。吉村はこの日、予期しない休日を手にしていた。

「おまえは取材から外れろ――」

上司からそう言われたのは数日前のことだった。

発端は巨人軍のエース桑田真澄を巡るスキャンダルだった。まだ各球団のキャンプが始まったばかりの二月に一冊の書籍が刊行された。あるスポーツメーカーの巨人軍担当者による告発本であった。そこには桑田がメーカーのグラブを使用することを条件に、数年にわたって金銭や接待を要求してきたこと、常習賭博で逮捕歴のある会社社長から金品を受け取り、チームの機密である登板日を漏洩していたことなどが書かれていた。

これを受けて巨人軍は三月に入ってから記者会見を開いた。桑田はその席上で、金品授受と登板日漏洩のいずれも否定した。ところが、出版側はその後、書籍には記されていない新たな証言を公開し、巨人軍の調査と桑田の言い分に反論した。大手新聞社も第三者機関が桑田の調査を行わなかったことへの疑問を報じ、開幕間近の巨人軍と桑田の周辺は疑惑に揺れていた。

吉村は当時、数いる巨人軍の選手の中でも桑田の担当をしていた。そのためデスクや年長者からはこの問題の取材と本人の徹底マークを命じられた。新聞記者である以上、当然のことだった。

だが、吉村はこれを拒否した。

「僕はやりません。こんなのは野球の取材じゃない」

吉村は野球記者がグラウンド外のスキャンダル取材に振り回されることに納得がいかなかった。野球を書くために記者になったのだ、という思いがあった吉村にとっての野球とはグラウンドの上で、スタジアムの中で起こることだった。

年号が昭和から平成に変わったばかりとはいえ、当時の新聞社内にはまだ年功序列、上位下達の掟が色濃くあった。そんな中で入社三年目の記者による命令拒否は重く受け止められ、巨人軍取材班から外されることになった。シーズン開幕を前にして吉村は事実上の休職状態にあったのだ。

笹塚駅に着くと、いつもと反対側のホームに立った。京王線に乗り入れている都営新宿線を待つ。通勤ラッシュの時刻を過ぎたとはいえ、平日の上り電車は混み合っていた。都心へ向かう列車内を埋めているのはデパートへの出勤者だろうか、あるいは飲食業の人々だろうか。自分以外の誰もがやるべきことを持っていて、行くべき場所へ向かっているような気がした。車窓から見える景色が普段とは逆方向に流れていく。これで良かったのだと言い聞かせながらも、心のどこかで自分は何をやっているのか、という微かな呵責が消えなかった。

吉村は新宿三丁目の駅で降りた。外に出るとすぐ目の前のビルに入った。五階にある書店でアメリカ大リーグに関する雑誌や書籍を買い込んで、ビル内にあるカレーショップに向かう。それが休日の定番だった。何がなくとも野球があれば、とりわけメジャーリーグがあればそれでよかった。アパートでは、始まったばかりの衛星放送の大リーグ中継を観るのが日課だった。

吉村は本州最西端の山口県に生まれた。ほとんど毎日のようにテレビで巨人戦中継を見ていたが、王貞治や長嶋茂雄ではなく、なぜか「マムシ」の異名を取った五番バッター柳田俊郎が好きだった。バッジでもTシャツでも数字がつくものは何でも、柳田の背番号にちなんで36を選んだ。他の多くの少年と同じようにプロ野球選手を夢見ていた。だが、高校に上がる頃には夢の終わりを悟っていた。もう肩が上がらなくなっていたのだ。自分には突出した才能がないことも分かっていた。そして高校一年の夏休み、テレビで早稲田実業の荒木大輔を見た。自分と同い年の男が憧れの甲子園のマウンドに立って投げている。決心がついた。その日を境に吉村はグラブを置き、グラウンドに行くのをやめた。

だが、吉村は野球そのものからは離れなかった。失意の若者を惹きつけて止まないものがあったのだ。一九七〇年代後半からフジテレビが放送した「大リーグアワー」であった。日本で初めてとなるメジャーリーグのレギュラー中継。ブラウン管の中には見たことのない景色があった。そこは確かに球場なのだが、まるで違う世界のようだった。巨人戦の中継よりも吉村の心をとらえて離さなかった。視聴率が伸びなかったのか、放送は数年で終了した。そうなると当時の日本には大リーグの情報はほとんど入ってこなかったが、そのことがさらに憧憬を掻き立てた。吉村は大リーグの試合結果が掲載されている英字新聞「Sporting News」を取り寄せるようになった。雑誌社が立ち上げた大リーグ友の会にも入会した。会員番号四三二番。雑誌の巻末にあった好事家の連絡先をたどって、メジャーリーグ通として知られるパンチョ伊東こと伊東一雄にも会いに行った。

「実際にメジャーリーグの球場に行って、自分の目で見なければ分からないことがたくさんあるんだよ」

当時、パシフィック・リーグ事務局に勤めていた伊東からはそう言われた。だから大学在学中に何度か旅に出た。アメリカを巡って十三のスタジアムを訪れた。鮮やかな天然芝の色彩と匂い、各球場の個性的な形状とそれぞれの土地に吹く風が吉村を虜にした。とりわけデトロイトのタイガースタジアムが心に残った。スタジアムとともに生きていく。いつしか人生の道は決まっていた。新聞記者になったのも、プロ野球担当ならばスタジアムで仕事ができると考えたからだった。

吉村はカレーの皿が空になる前に、大リーグ雑誌にはあらかた目を通した。いつもなら、それで休日のほとんどを終えたようなものだった。ただ、この日は他にもう一つ、大きな目当てがあった。あるアメリカ映画が封切られることになっていた。ケビン・コスナー主演のメジャーリーグにまつわる物語だという。吉村は残りのカレーをかき込むと、交差点の向かいにある映画館に向かった。もぎりを通り、シアターの扉を開けると、まだ数人の客がいるだけだった。話題作とはいえ、平日昼の館内には席の余裕があるようだった。薄灯の中、ひんやりとしたシートに腰を下ろすとほどなくして照明が落ちた。闇の中に浮かび上がるスクリーン以外は何も見えなくなっていく。吉村は現実社会と隔絶した非日常の世界へと没入していった。

映画はセピア色の一枚の写真から始まった。主人公のレイ・キンセラが男手ひとつで育ててくれた父との思い出を語り出す――かつてマイナーリーグの野球選手だった父からは、おとぎ話の代わりにベーブ・ルースや〝シューレス〟・ジョー・ジャクソンのことなどを聞かされた。父はとりわけ、八百長疑惑で球界を永久追放処分になった名手ジャクソンのことが好きだった。父は息子にグラブとバットを与え、自分の果たせなかった夢を託したが、キンセラはずっとそれを重荷に感じていた。やがて父を拒絶するようになった。ハイスクールを出ると故郷を離れ、父の死に目には会えなかった——主人公は父親と野球に対して後悔を抱いているようだった。

ストーリーは三十六歳になったキンセラが妻と娘とともにアイオワの田舎でとうもろこし農家を始めたところから動き出す。土地を切り開き、耕して、種を植える日々。そんなある夜、キンセラは〝声〟を聞いた。

「それをつくれば、彼はやってくる——」

自分だけに聞こえる奇妙な声だったが、〝それ〟が何を意味しているのかは不思議と分かった。声に導かれるようにキンセラは農地にスタジアムをつくり始める。親類や周囲の人たちから気が触れたのではないかと訝しがられながらも、一面とうもろこし畑の中にポツンと浮かび上がる小さな球場を完成させた。

すると数日後の夜、フィールドに一人の男がいるのが見えた。かつてのホワイト・ソックスのユニホームを身にまとったシューレス・ジョーだった。もう何十年も前に亡くなったはずのレジェンドはそこで野球を始めた。やがて往年の名選手たちも加わり、ボールゲームが始まった。ついには若き日の父も現れた。

彼らは野球を終えると、とうもろこし畑へと消えていく。幻の選手たちのことが見える人間は限られていた。キンセラと家族とスタジアムの夢を信じる者だけにしか見えなかった。そのため最初はほとんどの人間がキンセラの言葉を信用しなかったが、やがて一人、また一人と往年の選手たちが野球に興じる姿を目撃するようになり、ラストシーンではとうもろこし畑に囲まれた夢のスタジアムに向かって、全米から集まってきた人々の長い車列ができる。のどかなアイオワの景色と緑の芝とユニホームの白が美しい映画だった。

気づけば一時間四十七分の上映が終わっていた。館内の照明が灯り、他の客が席を立ち出口へ向かっていく。だが、吉村は動かなかった。そのままもう一度、上映が始まるのを待った。当時の映画館は入替制ではなく、観たければチケット一枚で何度でも観ることができた。

座席にもたれた吉村の頭に新聞記者としての掟がよぎった。たとえ休日でも、昼と夜の二度は会社のデスクに定時連絡を入れること――。一瞬、公衆電話を探そうかと考えた。だが、もうそんなことはどうでもいいような気がした。陽光の下に出るよりも、このまま闇に浮かぶスクリーンの中に浸っていたかった。

ふと先輩記者たちの顔が浮かんだ。巨人担当記者の面々はおそらく今ごろ、抜けた自分の代わりに桑田問題の取材に奔走しているはずだ。取材力に長けたあの人たちのことだ、他紙に先駆けてスクープを打つだろう。吉村はそう確信していた。そして、すべてを振り払うようにスクリーンに向き直った。桑田問題も命令拒否も、あらゆることを忘れたかったた。現実から逃避したかったのかもしれない。そう言われても仕方ないと自覚していた。

ただ、それとは別にもう一つ、吉村には席を立たなかった理由があった。作中のある登場人物が頭から離れなかったのだ。

アーチー・〝ムーンライト〟・グラハム。一九〇五年のニューヨーク・ジャイアンツでわずか一試合に出場しただけの無名の選手だった。物語の中では脇役の一人だったが、どうしてもその存在と彼の行動が頭から消えないのだ。

グラハムはジャイアンツに入団して数カ月の頃、初めてマイナーからメジャーに呼ばれた。だが、なかなか出番のないままシーズン最終戦を迎えていた。リードした八回裏の守り、監督が突然、ベンチを温めていたグラハムを指さした。

「ライトへ！」

ついにその瞬間が来た。観衆のざわめき、ナイターの灯りに照らされた芝生の匂い、グラハムは憧れていたメジャーのフィールドに飛び出す。守備要員であろうが関係なかった。頭にはこれから始まるひとりの野球選手の輝かしい物語が描かれていた。

だが、グラブを構えた彼のところへ打球は飛んでこなかった。次のイニングで打席も巡ってこなかった。一度もボールに触れることのないまま、バットを振ることさえないまま試合は終わり、数日後マイナー落ちを通告された。それきり二度とメジャーに呼ばれることはなかった。わずか一試合、二イニング出場の記録を残してグラハムはユニホームを脱いだ。その後、ミネソタ州で医師になった。八十七歳で閉じた彼の生涯は、野球選手としてより小さな街の名医として人々に記憶されていた。

映画の終盤ではそのグラハムが若き日のユニホーム姿でキンセラのつくった球場にやってくる。一度でいいからメジャーの打席に立ってみたい。眩しいほどの青空の下、バットを掲げる。投手がモーションに入ったらウインクをする。打ってやるぞ、と合図を送る。それが夢なのだと彼はキンセラに語った。

キンセラはとうもろこし畑に囲まれたスタジアムに彼を案内し、グラハムは現世では果たせなかった願いを叶えた。名選手たちとともに試合に出て、打席に立ち、投手にウインクした。そして打った。ほんの一瞬すれ違ったままになっていた夢をつかんだ。

だが試合の途中、思わぬことが起こった。キンセラの娘がグラウンド脇の簡易スタンドから転落し、昏睡状態に陥ったのだ。幻の選手たちはそれを見て当惑した。一歩でもグラウンドから外に踏み出してしまえば、彼らはもう二度とプレーヤーとして夢のフィールドに立てなくなるからだった。

すると、グラハムが一瞬のためらいの後、白線の外へと歩み出た。グラウンドから出た瞬間、小さな街の名医の姿に戻ったグラハムはキンセラの娘を助けた。夢のフィールドを去ることと引き換えの行動だった。

「これで、いいんだ」

束の間の夢と訣別した彼は、キンセラにウインクすると、とうもろこし畑の中に消えていった。吉村の胸にはその場面が強く焼き付いていた。

なぜ、グラハムは白線を越えたのか。せっかく夢の球場で打席に立ったというのに、なぜまた現実へと戻ったのか。そう考えるとスクリーンの前を離れられなかった。結局、吉村はエンドロールを三度観た。

映画館から外に出ると、空には月が出ていた。新宿の夜の雑踏を横目に地下鉄へ続く階段を降りると、途中の売店に新聞スタンドが出ていた。そういえば、この日は朝から新聞を読んでいなかった。朝刊、夕刊各紙の一面を眺めると、見慣れた青と赤の見出しで特ダネを打っている新聞があった。吉村は思わず手に取った。ジャイアンツの桑田が金品授受について虚偽の供述をしていたことを認め、巨人軍が罰金一〇〇〇万円と一カ月の謹慎処分を科した——紙面ではそう報じられていた。現実に引き戻された感覚があった。予想通り、先輩記者たちはスクープをものにしていた。自分のいない取材班はおそらく会社から社長賞か部長賞を与えられるはずだ。吉村は見出しを眺めただけで、手にした新聞をスタンドに戻した。それから改札を抜けて下りの電車を待った。

吉村は映画のことを考えていた。〝ムーンライト〟・グラハムのことを考えていた。彼はなぜフィールドを訪れ、そして去ったのか。その答えは出なかった。だが、ひとつだけ分かっていた。彼は夢を諦めたのでもなく、現実から逃げたわけでもなかった。ただ自分にしかできないことをやったのだ。そう思うと、すっきりした気持ちになった。

翌日から吉村は取材に戻った。謹慎中の桑田をマークするため、神奈川県内の彼の自宅前に張り付いた。スタジアムとはまるで関係ない取材を黙々とやった。そして、そのシーズン限りで新聞社を辞めた。アメリカに渡り、メジャーリーグのスタジアムを巡るつもりだった。自分がやりたいことは何か、居るべき場所はどこか、それを探す旅に出た。

吉村がデトロイト・タイガースの編成部員となり、憧れのタイガースタジアムを職場とすることになったのは、それから十年あまり後のことだった――。

5

前沢を球団に戻そうと考えてるんですが――。

島田から相談を受けた翌日、吉村は西武ドームのある所沢から札幌の球団事務所に戻った。プロ野球球団GMの脳内は秋以降に高速回転を始める。監督や選手との契約、次のシーズンへの補強など、チーム統轄本部のスタッフと検討しなければならないことは数え切れなかったが、他のことは考えられそうになかった。前夜から前沢のことが頭から消えなかった。いつもより早く事務所を後にした吉村は陽が落ちた札幌ドームの関係者駐車場を横切って車の運転席に滑り込んだ。秋の夜の冷気は車内にも忍び込んでいた。強張った手でエンジンをかけ、暖房のスイッチを入れる。GM補佐としてこの球団にやってきたのが移転元年の二〇〇四年だった。以来、少しずつ札幌の寒さには慣れてきた。

ドームを出ると道道八二号線を北へ向かった。地下鉄東西線が走る南郷通で右折するいつもの帰路だった。ドームから十五分ほど走ったところで地下鉄の大谷地駅が見えてくる。自宅まであと少しというところになって、ようやく車内に暖気がまわり、手の強張りも解けてきた。

札幌での吉村の住まいは厚別区の大谷地駅東側に建つマンションの一室だった。こぢんまりとしたエレベーターを上がり、ドアを開ける。単身赴任の独り住まいに待っていたのはやはり冷気だった。リビングで迎えてくれるのは小さな丸テーブルと中型テレビだけだった。電気をつけ、やかんに火をかけたところでテーブルの上の携帯電話が鳴った。新聞記者からだった。

「はい。吉村です」

何の用件かは察しがついていた。案の定、次のシーズンに向けての外国人選手獲得についての取材だった。

「それに関してはまだ何も決まっていないよ」

吉村は訊かれたことに対する答えだけを端的に口にした。新聞社の締切時間が近づくと、各社のファイターズ番記者からチーム編成の責任者である吉村に電話がかかってくる。オフシーズンになればその件数はさらに増える。それに対応するのもＧＭの重要な仕事のひとつだった。

電話を終えると、キッチンで湯の沸く音がした。吉村はコーヒーを入れると、湯気を立てたカップをリビングとキッチンの間の丸テーブルに置いた。がらんとした部屋だった。誰かを招いたことはほとんどないが、誰が見ても「何もない部屋だ」という印象を抱くだろう。だが、吉村にはそれで十分だった。天然芝のような緑色の絨毯に腰を下ろしてテレビ画面に野球中継を映せば、そこは球場になる。そういう意味で、仕事もプライベートも、吉村はいつもスタジアムにいた。望んだ人生だった。野球とともに生きる。スタジアムで生きる。あの日、はっきりとそう決めたのだ。フィールド・オブ・ドリームスを忘れたことはなかった。夢だからと諦めず、現実に絶望せず、自分にしかできないことを求めてここまで歩いてきた。だが、GMという仕事を手にして、ファイターズというチームをつくり上げ、優勝の歓喜を味わううちに、いつしかそれ以上を望まなくなっていたのかもしれない。ファイターズが新しいホームスタジアムを持つことは文字通り夢なのだと、どこかで諦めていたのかもしれない。前沢の名前を聞き、あの映画を観た日のことを思い起こすと、そんな気がした。

そういえば、映画の中でこんなシーンがあった。とうもろこし畑の中に球場をつくり、周囲から変人扱いされる主人公が、ある人物から言われるのだ。

「君の情熱がうらやましい。たとえ見当外れでも、情熱は情熱だ。昔の私にはそれがあった――」

誰も想像していない新しいスタジアムをつくることができるのは前沢しかいないのかもしれない。彼ならやるかもしれない。吉村の胸には、あの日、映画館で感じた熱がよみがえっていた。

翌日、吉村は札幌ドームのゲーム前、バックネット裏に設けられた球団幹部用ブースの扉を開けた。島田がひとりでいた。そこは二人にとって秘密の会議室のような場所だった。

これまで幾つもの機密事項を話し合い、決断してきた。

「前沢の件ですが……」

余分な言葉は必要なかった。吉村は前置きなく切り出した。

「彼が戻ってくること、私も賛成です」

島田は吉村を見つめて頷いた。

それから吉村は、自分にも言い聞かせるように、こう念を押した。

「新球場ですよね。彼は新球場をつくるために戻ってくるんですよね」

6

札幌市中央区の繁華街すすきのは創成川通の西、大通公園の南に広がる一帯のことで、新宿の歌舞伎町や福岡の中洲と並んで日本三大歓楽街のひとつと言われている。二〇一五年が明けてまもなく、前沢はすすきのにいた。繁華街のネオンは夜の街を彩り、道ゆく人々のコートを照らしていた。道端には残雪が積まれていて、アスファルトはところどころ凍結していた。この時期は市街を歩くのにもゴム底の靴が必要であることを前沢は知っていた。約束の店はウィスキーブランドの広告看板で知られたすすきの交差点からすぐだった。前沢は繁華街を横断する国道三六号、月寒通沿いに歩くと七階建てのビルに入った。

ファイターズの球団代表を務める島田から電話があったのは数週間前のことだった。前沢が侍ジャパンを辞めるという噂を聞いて連絡してきた。

「話があるんだ」

島田は電話口で切り出すと、単刀直入に言った。

「球団に戻ってこないか？」

心が揺れた。前沢にとって、島田はファイターズ時代の数少ない理解者の一人だった。オブラートに包むことをしない前沢の言葉を、島田は肩幅の広いその巨体でいつも受け止めてくれた。

「お前は人を怒らせる天才だな」

そうたしなめられたこともあったが、その時でさえ島田の表情には大らかな笑みがあった。球団を去ってからも島田が仕事で東京に来れば顔を合わせた。コーヒーを飲みながら、互いの近況を伝え合う間柄だった。

だが結局、電話口では返答することができなかった。すると島田は「札幌で会おう」と店を指定してきたのだった。

ビルの七階に上がると、暖簾をくぐり白木のカウンターに座った。初めての店だった。ほどなくして、暖簾の向こうから怒り肩の巨体が現れた。島田は「おう」とカウンターの前沢に手を上げた。一見すると強面だが、口元にはいつも鷹揚な微笑みがあり、それが島田の包容力を象徴していた。

男二人、ビールグラスを軽く掲げた。前沢は「乾杯」をしなかった。誰と飲むときでも、仕事でひとつのプロジェクトを終えた時でもそうだった。「乾杯」と口にして杯を合わせることで俺たちはよくやったと肯定し合っているような気がしたからだ。仕事の良し悪しや満足度はそのときの酒の味が決めるものだと考えていた。島田もそんな前沢の流儀を分かっていた。

「で、お前、これからどうするつもりなんだ？」

グラスのビールが半分になったところで島田が言った。自らの用件よりも、まず前沢の胸の内を吐き出させようというのが、いかにも島田らしかった。これからの人生について、何らかの考えを持ってきたことは見透かされているようだった。

前沢は残ったビールを飲み干すと、胸にあった思いを口にした。

「これからは、アマチュア野球のために仕事をしてみようと思うんです……。もっと野球をやる子供たちが増えるように代表チームの環境を変えて、アマチュア球界を変えていきたいんです」

島田は前沢の言葉を何も言わずに聞いていた。ひと言、ひと言に頷いてはいたが、口元の笑みは次第に消えていった。

「そうか、お前のやりたいことは分かった」

島田はひとつ息をついた。それから前沢を見てこう言った。

「でもな、それは外からだから変えることができるんじゃないか？　組織の中に入って本当にやれるのか？」

日本球界ではプロの組織ができるよりずっと以前からアマチュアの組織があった。長い歴史を誇る組織に今から入って、本当に思うような変革ができるのか？　組織に嵌まらず、また居場所を探す羽目になるのではないか？　プロ野球の球団代表として、球界に関わるいくつもの組織を見てきた島田はそう指摘した。

前沢にしても微かな躊躇がずっと付きまとっていた。正直に言えば、これが本当に自分のやりたいこと、やるべきことだという確信はなかった。だから、島田に聞いてもらいたかったのかもしれない。

島田は前沢のグラスにビールを注いだ。そして、タイミングを待っていたかのように切り出した。

「球団に戻って、事業部を立て直してもらいたいんだ」

グラスを持つ前沢の手が一瞬、止まった。電話で伝えられていたものの、島田からあらためて面と向かって言われると、その言葉は大きく胸を揺さぶった。

「事業部がどういう状況か、お前も聞いているだろう」

島田は前沢の反応を窺いながら続けた。

「春には本社から新しい球団社長が来る。体制も変わる。そこで腕をふるってもらいたいんだ」

島田の口調は徐々に熱を帯びていった。そのひと言、ひと言に前沢は揺さぶられ、残雪が溶けていくような感触を覚えた。前沢は自分がファイターズに残してきた未練がいかに巨大なものだったかに気づいた。

だが、それでも島田の提案に頷くことはできなかった。今、目の前に差し出されているものを手にしたいという思いはあったが、自分には許されないことのように思えた。

前沢は球団で関わってきた人間たちを思った。ぶつかり合ったことによって生まれた溝も傷もあった。いまだ乾いていない瘡蓋《かさぶた》もあった。何より、三谷の顔が浮かんだ。ともに走ってきた同僚を置いて、自分は去ったのだ。一体、どの面《つら》を下げて戻れるというのか。

前沢の知る限り、球団を去ってから戻ってきた職員は一人もいなかった。自分には、島田の提案を受ける資格はないように思えた。

島田は俯く前沢を覗き込むように言った。

「出戻りがいないってことが気になってるのか？」

心の内は見透かされていた。島田の口元に笑みが戻っていた。

「それなら心配するな。お前を戻すことは全員に確認を取っている。みんな賛成してくれたよ。吉村さんもな」

末尾の名前に心が反応した。吉村さんが……。それは前沢にとって鍵を開くような言葉だった。かつてニューヨークの夜に交わした約束がよみがえった。

吉村さん、辞めないですよね——。

あの夜、そう迫ったのは、吉村のいる球団ならば、この人がつくるチームならば、そこには自分のやるべきことがあるのではないかと感じたからだった。ゆっくり酒を酌み交わしたことはなかった。プライベートで親交があるわけでもなかった。ただ見ていれば分かった。吉村は自分が成したいことを明確に描いていて、そのために必要なものだけを持って生きていた。どれだけGMとして成功しても、いつも同じ小さな革製ベルトの時計をしていた。その時計はまだ自分が何者でもなかった頃、大切な人にもらったものだという。

不具合が生じてもその都度、修理に出して使い続けていた。そして毎年七月四日になると、どれだけ仕事を抱えていても現場から消えた。その日は自分をこの世界に導いてくれた人の命日なのだという。日々、球団事務所を後にするとき、吉村の机の上には何もなかった。書類一枚、ペン一本にいたるまで片付けられていた。何を抱えて生きていくかに迷いのない吉村の心の中を映しているようだった。

自分がスタジアムをつくり、そこで吉村のつくったチームが野球をする——そんなイメージが浮かんだ。前沢は俯いたまま動けなかった。返答できないまま時間が流れ、気づけば夜が更けていた。

前沢は島田と並んで店を出た。すすきのの煌々《こうこう》としたネオンの向こうに冷たく澄んだ夜空が広がっていた。靴のゴム底が残雪を踏む音が懐かしかった。あらゆることが心の扉をノックしていた。

島田が前を歩いていた。その大きな背中が答えを待っていた。前沢は札幌の夜空を見上げると、返答した。

「島田さん。これからあの店、僕も使わせてもらっていいですか」

怒り肩の巨体が振り返った。口元にはいつもより大きな笑みがあった。

「お前に任せるから」

白い息が夜の中に光った。

「お前のやりたいように、やりたいことをやってくれ」

島田のその言葉が何を意味しているのか、前沢には分かった。

あの四十二ページの資料はまだ捨てずにあった。机の引き出しの奥に眠ったまま、その時を待っていた。

今度こそ、スタジアムをつくる――。心の中で唱えた。真っ先に浮かんだのは相棒の顔だった。

前沢は島田の背中に言った。

「新スタジアム、三谷さんと二人でやらせてください」

大きく息を吐いて夜の冷気を吸い込むと、懐かしい匂いがした。

第四章

食肉王の蹉跌

1

夏の陽射しが地面に濃い陰影をつくり出していた。高山通史《みちふみ》は地面から立ち昇るアスファルトの匂いを嗅ぎながらマルボロ・ライトに火をつけた。紫煙が夏空に消えていくのを見ると、時間の流れの速さを思わずにいられなかった。

また、この時期がきたか……。自分が新聞記者であることを実感する季節だった。

札幌ドームに隣接するファイターズの球団事務所、そのエントランス脇に小さな三角形の灰皿スタンドがある。高山は毎年夏になるとそこで張り込みを始めた。日刊スポーツ新聞社の日本ハム担当記者になって十二年、ずっとそうしてきた。ひと気の少ない時間を見計らって、じっと取材対象が現れるのを待つ。球団職員以外の部外者が出入口に立っていれば普通は不審の目が注がれるが、建物が夏の陽射しを遮って影になっていること、喫煙者用の灰皿があることがそこに立つ理由となり、張り込みの隠れ蓑になってくれた。

まだシーズン真っ盛りの時期から張り込むのには理由があった。

「記者にとっての公式戦はオフシーズンのストーブリーグだ。そして、ストーブリーグの取材は夏のうちに終わる――」

新聞社に入ってから年長者にもらった言葉だった。ストーブリーグとはプロ野球がオフシーズンとなる秋以降に繰り広げられる各球団の補強合戦のことであり、それを報じる新聞各社のスクープ合戦のことだ。高山が夏の気配とともに動き出すのはその冬の戦いに勝つためだった。

ナイター開催日の昼前、札幌ドーム周辺はまだ静かだった。他のメディアも見当たらず、時おり球団職員が昼食休憩に出てくるくらいだった。高山はそのタイミングを狙っていた。ターゲットは吉村浩。このチームの人事権を握っているGMであり、ファイターズ番の記者にとって最大のニュースソースと言ってもいい人物だった。

二〇一五年のファイターズはペナントレース半ばが過ぎた時点で二位につけていた。だが、首位のソフトバンクホークスとの差はじりじりと広がっていた。巨大資金を背景にリーグ連覇へと独走する王者に水をあけられていることは明らかで、来季以降も含めてどう立ち向かっていくか、吉村の胸の内を知っておきたかった。トレードや外国人選手補強、ドラフト戦略にスタッフの入れ替えなど、ぶつけるネタも幾つか用意してあった。

正午を過ぎてしばらくすると、エントランスには断続的に球団職員の姿が見えるようになった。高山は短くなったタバコを灰皿の縁で揉み消すと、頭上を見やった。喫煙所の上には一部が磨りガラスになった球団事務所の階段があった。オフィスのある二階から誰かが降りて来れば、膝から下だけが見えるようになっている。長年張り込みを続けているうち、高山は階段を踏む足音を聞いただけで、それが吉村のものかどうか判別ができるようになっていた。他者よりもピッチが速く、静かだがはっきりとした足音が聞こえれば吉村が現れる合図だった。

ところがこの日、吉村は一向に姿を見せなかった。それどころか、球団代表の島田利正ら幹部たちの影もなかった。高山は視線を球団事務所の前に広がる駐車スペースに移した。一台ごとに白線で仕切られ、番号がふられている。球団幹部の車はエントランスに最も近い七番から九番に駐車されるのが暗黙の了解だった。そしてこの日はそのいずれもが空いていた。

空振りか……。俯きながら次のタバコを咥《くわ》えた瞬間、高山はあることに気づいた。そういえば、この数日、新しく本社からやってきた球団社長、竹田憲宗《けんそう》の姿を見ていなかった。竹田の愛車であるパールゴールドのセダンも目にしていなかった。高山は幹部の車を、そのナンバーに至るまで記憶していた。あの特徴的な車を見逃すはずがなかった。振り返ってみれば、昨日も一昨日も、かれこれ一週間ほど球団社長の姿を見ていなかった。

春に本社からやってきたばかりの竹田はフットワークの軽い人物だった。記者席にもよく顔を出して、担当記者たちともコミュニケーションを取っていた。その竹田が長期不在とはどういうことか。

不祥事か？　まず頭に浮かんだのは、球団もしくはチームのスキャンダルだった。スポーツ新聞にとって大きなスクープになるネタであり、プロ野球記者を続けるうちに真っ先に疑う癖がついていた。ただ、それにしてはどうも様子が違った。スキャンダルであれば、もっと現場の選手やスタッフがざわめくはずだった。関係者との雑談の中で何かしら漏れ漂ってくるものがある。人の気配というのはそれだけ正直だ。だが、竹田や他の幹部の姿が見えないだけで、ファイターズを構成するそれ以外の部分はいたって静かだった。

何かがおかしい……。高山はこの日、四本目となるタバコに火をつけた。一瞬の苦味の後に微かな清涼感が鼻を突き抜け、思考が研ぎ澄まされていく。確かに状況的には空振りかもしれない。だが、記者の第六感ともいうべき違和感があった。だから、もう少しだけ張り込みを続けてみることにした。

するとエントランスから誰かが出てきた。顔馴染みの球団職員だった。

「あ、お疲れ様です」

ポロシャツにチノパン姿の職員は高山を見つけると会釈した。

「高山さん、もう張り込みの時期ですか？」

冷やかすように微笑んでいた。その若い球団職員は取材対象ではなかったが、何年もこの球団の取材を続けているうちに、挨拶だけの関係から世間話をするようになり、やがて機密以外のことであれば取材に協力してくれる間柄になっていた。

彼なら何かを知っているかもしれない。高山は訊いてみることにした。

「ここのところ、社長の姿が見えないんだけど、何してるんだろう？」

すると、チノパン姿の職員はきょとんとして「そういえば、そうですね」と頷いた。

「僕も最近、社長を見ていないです」

そう言って高山の顔を見ると、思い出したように踵を返した。

「ちょっと待っててください。幹部のスケジュール表を見てきますから」

職員はわざわざ二階のオフィスへと引き返して、球団内でしか共有されていない日程表を調べてきてくれた。

「わかりましたよ」

再び階段を降りてきた彼は、少し息を弾ませながら言った。

「アメリカに行ってますね。ええと……行き先はニューヨーク、セントルイス、ミネアポリス、それから……」

高山はポケットからノートを取り出すと、彼が口にした都市名をメモした。短い期間でアメリカの数都市を巡っているようだった。

なぜだ……。高山が訝しげな顔をすると、職員も首をかしげた。

「何しに行っているんでしょうね？　僕たちは何も聞いてませんが」

彼が何かを隠しているようには見えなかった。だとすれば、社長の渡米目的は球団内でも限られた人間しか知らないのだろう。

やはり、何かある……。

高山は職員に礼を言うと、ひとりその場に残って考えてみた。幹部の渡米となれば、外国人選手や日本人メジャーリーガーの補強が考えられるが、それならば吉村ら編成部門の人間が行けばいいはずだ。球団社長が直接赴くとなれば、それは現場の編成にとどまる問題ではないような気がした。

高山はもう一度、メモした都市名を眺めた。ニューヨーク、セントルイス、ミネアポリス……。思わず、「あ」と声をあげそうになった。社長が巡っているという都市にはすべてメジャーリーグの中でも有数のスタジアムがあった。ボールパークの視察――つまり、新スタジアムか――。

　いつだったか、噂には聞いたことがあった。札幌ドームとの借家契約と高額な球場使用料に悩む球団内で新しいスタジアムの建設案が浮上したことがあったという。ただ、それは現実離れした計画として、それきり立ち消えになったと聞いていた。

　たしかに札幌ドームとの問題はいずれ解決しなければならないだろう。だが、球団イメージとともに道民に定着した本拠地を捨てて、全く別の箱をつくるのは不可能だろう。それが噂を聞いたときの高山の率直な感想だった。

　だが今、目の前にある事実は新スタジアム計画が秘かに進行している可能性を示していた。構想を具体化するために球団社長自らアメリカのボールパークを視察しに行ったとすれば……。そこまで思考を伸ばしたところで、ある人物の顔が脳裏に浮かんだ。

　前沢賢。この春、球団に戻ってきた人物だった。数年前に新スタジアム建設案が浮上したとき、それを提案したのはたしか前沢だったはずだ。その人物が戻ってきた途端、球団社長がアメリカへ渡った――偶然にしてはタイミングが合い過ぎていた。

　新聞記者にとっての取材対象は球団社長や代表、ＧＭら幹部の他には、吉村が率いるチーム統轄本部の人間になる。監督やコーチングスタッフ、選手の人事に関わっているからだ。逆にビジネスサイドである事業統轄本部についてはほとんど取材する機会はなく、球団広報から発表される情報を短い記事にまとめるのが常だった。そのため前沢に面と向かって取材したことはなかったが、どこか強く印象に残る人物だった。

まず前沢は外国産車に乗っていた。スイス製の高級腕時計をしていた。聞けば、他の職員とは異なり、成果報酬型の契約を結んでいるスポーツマーケティングのスペシャリストなのだという。サラリーマン然とした職員が多い中で前沢は明らかに異質だった。

また、札幌ドームでの試合中、高山がバックネット裏の記者席にいると、前沢の姿を見かけることがあった。前沢は空いた客席にひとりで腰掛け、職員証を外して一般客と同化していた。試合そのものよりも観衆の流れや施設の隅々に目を向けているようだった。

何をしているのですか？　そう問いかけると、前沢は客の声を聞いているのだと言った。職員証を下げたまま面と向かって質問しても、本音は聞けないだろうから、客と同化して耳を澄ますのだという。少なくとも高山は担当記者になってから、そんな行動をする球団職員を初めて見た。取材対象ではなかったが、どこか球団内でも異色の存在だということは認識していた。

その前沢が帰ってきた……。一体、どんな理由で球団に戻ってきたのか？　あらゆることが新スタジアム計画の存在を暗示しているような気がした。ただ、その一方でこの推測にはどこか現実感がなかった。そんなはずはない、という思いが消えなかった。高山の眼前には札幌ドームが鎮座していた。このチームはずっとここで戦ってきた。今日もここでゲームがある。その事実が新スタジアムのイメージを打ち消した。

腕時計を見ると、午後二時に差し掛かろうとしていた。ナイター前のファイターズの練習が始まる時刻だった。この件はいずれまた確かめてみよう……。高山はタバコの火を消すと張り込みを解いて、札幌ドームの関係者入口に向かって歩き出した。

2

　高山が次に張り込みをしたのは、それから数日後のことだった。駐車スペースにはちらほらと幹部の車が見えるようになっていた。いつものようにマルボロ・ライトを相棒に灰皿脇に立った。目当てはこの日も吉村であった。あの日に浮かんだ新スタジアム計画への疑念は薄れていた。それよりチームが気がかりだった。ソフトバンクとの差はさらに広がっていた。戦力の差は明白であり、このままではしばらくパ・リーグの覇を握られるかもしれない。記者としてのアンテナは非現実的なスタジアム構想より、すぐ目の前にあるチーム編成に向けられていた。

　二本目のタバコに火をつけようとした時だった。頭上の階段で足音が聞こえた。目当ての音だった。静かで意志のある早足──吉村だ。高山は確信した。まるで待ち合わせたかのようにターゲットの人物が降りてくる。長年張り込みをしていると、稀にそうした幸運に巡り合う。高山は点けたばかりのタバコの火を消すと、球団事務所のエントランス脇に移動した。

　だが、現れたのはこの球団のＧＭではなかった。太い黒縁眼鏡の奥に三白眼を光らせた人物。事業統轄本部の前沢だった。

高山は一瞬、呆然とした。ここ数年、吉村の足音を聞き間違えたことはほとんどなかったからだ。しかし、自分の脇を通り過ぎていく前沢の顔を見て我に返った。消えかけていた新スタジアム計画への疑念がよみがえった。

念のため、ぶつけておくか……。

高山は早足で遠ざかっていく前沢の背中を追った。

「前沢さん」

呼びかけると、スーツ姿が振り向いた。驚いたような顔をしていた。当然だろう、新聞記者が事業統轄本部の人間を取材対象にすることは滅多にない。

「え？　俺？　何かある？」

前沢はそう言うと、身体を半分だけ高山の方に向けて立ち止まった。高山はその佇まいと表情に、微かではあるが揺れを見てとった。だから、想定していたよりさらに端的な質問をぶつけた。

「前沢さん、新球場をつくるんですよね？」

確証はなかった。むしろ、そんなことは不可能だろうと思っていた。それでも万が一、本当ならば全国的なニュースになる。球団内でも一部の人間しか知らないであろう機密を探るときは多少のブラフを吹っかけて相手の反応を見る。それは高山がスクープを追い続けるうちに身につけた技術の一つだった。

前沢の反応は高山の予想を上回るものだった。眼鏡の奥の細い目を一瞬泳がせると、絶句したのだ。

「え……、どういうこと？」

前沢は平静を装ったつもりだったのかもしれない。だが、高山はその時点で確信した。計画は存在する――。だから、たたみ掛けた。

「書いてもいいですか？　スポーツ新聞は多少飛ばし気味にいかなきゃならないときもあるんですよ」

前沢の顔色が変わった。半身だった体を取材者に対して正面に向けると、覚悟したように、ひとつ息をついた。そして、高山の眼を真っ直ぐに見つめてこう言った。

「ちょっと待って。もう少し待ってほしい……」

それは事実上、新スタジアム建設計画の存在を認める発言だった。正直な人だ、と高山は思った。だから、ひとまず「わかりました」と頷いておいた。

「あとで連絡する。詳しいことはその時に話すから」

前沢はそう言い残すと足早に札幌ドームの方へと歩いていった。高山はその背中を見送りながら、ふと思った。吉村と歩調が似ているのだ。なぜ足音を聞き間違えたのか合点がいった。そして自分の鼓動が速くなっていることに気づいた。

新しいスタジアムができる……。この球団が初めて、本当のホームスタジアムを手に入れようとしている。一体どこに？　どうやって建設するというのか？

高山の思考は夢と現実、あちら側とこちら側を行ったり来たりしていた。確かなのは、これがもし本当ならば、道民の心を激しく揺るがすニュースになるということだった。

翌日、約束通り前沢から連絡があった。

「なるべく人に見られないように、球団事務所に来てほしい――」

往来の少ない午前中に事務所に着くと、もう前沢が待っていた。「部屋を用意してある」と二階のオフィスへ向かった。外からしか見たことのなかった階段を上がりながら高山は思った。

場合によっては、前沢と決裂してでも記事にしなければならない……。

スタジアム建設という大きなプロジェクトになれば、情報が世に出るタイミングもデリケートになるはずだ。関係各所に共有した後でなければハレーションが起こる。だから、新聞に書くのは少し待って欲しいと、前沢はおそらくそう言うはずだ。だが、やらなければやられる。それがストーブリーグだ。取材対象に配慮した挙句、スクープがフイになるのはよくある話だ。場合によっては後着の他紙に先を越されることだってある。そして負け続けた者は記者ではいられなくなる。高山には常にその種の恐怖心があった。その怖れが張り込みを続ける原動力にもなっていた。新聞記者という職は高山にとってそれだけ特別なものだった。

高山は新潟県の内陸部に位置する人口一万人の小須戸《こすど》という街で生まれた。父は地元紙・新潟日報のサービスセンターに勤務していた。記者ではなく、販売を請け負う仕事だった。たまに本社に顔を出すと、新聞記者たちが生き生きと駆け回っているのを目にするのだという。

「記者ってのは、いい仕事なんだぞ」

父は口癖のようにそう言った。まだ幼い高山には新聞社の仕事がどういうものか見当もつかなかった。ただ、たしかに同じ新聞をつくって売っているというのに記者の名前はクレジットされ、父の名は紙面のどこにもないのが不思議だった。

高山は野球少年だった。地元で知られた存在で、高校は野球漫画「ドカベン」のモデルとなった新潟明訓へ進んだ。県下の精鋭が集まる明訓では想像を超える競争が待っていた。部員は一〇〇人近く、一軍と二軍はグラウンドからして分かれていた。煌々とした照明が灯る一軍の練習場に対し、二軍はガソリンスタンドから漏れる灯りで練習をしていた。高山は二軍暮らしが長かった。だが、三年生の夏を前に一軍メンバーに滑り込むと、甲子園出場をかけた新潟大会で打ちに打って、甲子園出場の重要なピースになった。

そして忘れもしない第七十五回全国高校野球選手権大会四日目、第四試合。新潟明訓は松江第一と初戦を戦った。高山はその試合で同校史上初めてとなる甲子園でのホームランを放ち、春夏通じて初勝利の歓喜をもたらした。内角低めの球を引っ張った感触と、左翼ポール際へ伸びていく白球の軌跡は消えない記憶となった。

二回戦で敗れて地元に戻ったが、高山を取り巻く景色は一変していた。新聞やテレビに自分の名前が出ていた。電車に乗れば、見ず知らずの人から「明訓の高山さんですよね？」と声をかけられた。甲子園に出場したことによってスポーツ推薦で大学に進学することもできるようになった。ほとんど夢だと思っていた世界への道が垣間見えていた。

だが、高山は野球推薦を辞退した。部の監督にはこう言った。

「自分は選手としてご飯を食べていくことはできないと思います。新聞記者になろうと思います」

幼い頃から繰り返し聞いた父の声が心のどこかに残っていた。

「記者ってのは、いい仕事なんだぞ――」

関東の大学を卒業すると、日刊スポーツ新聞社の新潟支局に入った。記者として採用され、一年目から現場に出られることになった。だが、そこからはずっと瀬戸際に立たされることになる。入社四年目に支局の統廃合によって新潟支局が閉鎖されることになった。小さな支局でともに働いてきた人々がそれを機に業界を去っていった。高山も転職を覚悟したが、仕事で出会った東京本社のデスクが北海道本社に引っ張ってくれた。二〇〇三年の冬のことだった。そこで、本拠地を移転したばかりの日本ハムファイターズの番記者を命じられた。高山にとって初めてのプロ野球担当記者であった。

憧れに身を浸して取材に向かうと、その初日に全国的なスクープを他紙に抜かれた。

『新庄、日本球界復帰。日本ハムに電撃入団』

メジャーリーグでプレーしていた元阪神タイガースの新庄剛志が北海道を本拠地とする

ことになった新しいファイターズへ加入するという。すぐに後追いをしなければならなかった。だが、どこを取材すればいいのかすら分からず、追いかけることもできなかった。その後もストーブリーグは連戦連敗だった。記者としての自信は粉々に打ち砕かれた。社内でエースと呼ばれる年長の記者から忘れられない言葉を聞いたのは、その時だった。

「記者にとっての公式戦はストーブリーグだ。それに勝てない奴は野球記者ではいられなくなる。そして、ストーブリーグの取材は夏のうちに終わるんだ」

高山はバットを片手に生きるという可能性を諦めて、記者になる道を選んだ。だから勝たなければならない。さもなくば記者ではいられなくなる。その強迫観念が足を動かした。夏になると張り込みをするようになったのはそれからだった。高山にとってスクープに勝るものはなかった。

――球団事務所の二階に上がると、前沢はオフィスの奥に進んでいった。フロアでは何人かの職員が机に向かって仕事をしていた。突然入ってきた新聞記者に誰もが驚いた顔をしていた。フロアを突き当たったところに、「ニューヨーク」と札が掲げられたミーティングルームがあり、前沢はそこへ入った。高山は扉の前でひとつ息を吸い込んだ。誰が何と言おうとこのニュースは書かなければならない――もう一度、そう自分に言い聞かせてから入室した。

部屋に入った前沢は窓のブラインドを降ろした。それからドアの鍵を閉めた。会議室は密室となった。顔を強張らせる高山の前で、前沢は壁のホワイトボードに何かを書き始めた。口を開く代わりにマジック・ペンを走らせていった。

二〇二三年春。

天然芝。

開閉屋根付全天候型スタジアム。

ホワイトボードに単語が並んだ。高山は息を飲んだ。それは紛れもなく、新スタジアム建設計画の全容だった。この寒冷地に天然芝のスタジアムをつくるのか……。前沢の頭の中ではすでに開場の時期まで決まっているようだった。体言止めで書かれた太い文字が、このプロジェクトに対する意志を示しているようだった。だが、高山はそれを目にしてもなお、本当にそんなことができるのか、という疑念が拭えなかった。

札幌ドームはどうするのか？　どこに建設するつもりなのか？　莫大になるであろう建設費はどこから調達するのか？　いくつもの疑問が瞬時に浮かんだ。

前沢はペンを置くと、高山の方を向いて微笑んだ。

「今、決まっているのはこれだけ。どこにつくるのか、資金をどうするのか、それはまだこれから」

その言葉に嘘はないように思えた。

それから前沢は、単にスタジアムを建てるのではなく、球場を基点に街をつくり、コミュニティを生み出すのだと言った。アメリカにはいくつかモデルとすべきボールパークがあるが、それを超えるもの、まだ誰も見たことのないスタジアムをつくりたいのだと言った。緊迫していた部屋にいつしか熱が満ちていった。その直情的な眼を見ていると、高山は魅入られるような感覚になった。

「高山さんに隠し立てはしない。でも、まだ書かれるとまずいんだ」

前沢は、高山が事前に想定していた通りのことを言った。

「書いてもらってもいい時期がきたら必ず伝えるから、それまで待ってくれませんか」

たとえ誰に何と言われようと、記事にするという決意で事務所に来たはずだった。だが気づけば、高山は前沢の言葉に頷いていた。この部屋に入る前、身構えていた自分はどこかに消えていた。そして、鼓動が速くなっていた。

その夜、高山は自宅に戻ってからアメリカ大リーグの各球場とその周辺に広がる街並みの画像をパソコンで開いてみた。それらを眺めながら、考えた。なぜ自分はこのスクープ報道を強行せず、前沢の言葉に頷いたのか……。夜になっても胸の高鳴りは収まらなかった。

3

二〇一六年五月二十四日の朝、日本ハム代表取締役専務の川村浩二はいつものように朝七時半に東京都大田区のマンションを出た。出勤のハイヤーの中で日本経済新聞を開く。経済面から目を通して株価欄と社会面とスポーツ面を読んでから最後に「私の履歴書」や時代小説などの読み物で締める。入社して三十年余り、食肉トップメーカーに勤務する会社員としての変わらない習慣だった。だが、この日がいつもと違っていたのは、一面に看過できない記事が載っていたことだった。

『日本ハムが新球場計画』

その見出しに吸い寄せられた。記事には、日本ハムが所有するプロ球団ファイターズが札幌ドームからの移転を前提にして新たなホームスタジアムの候補地調査を進めているとあった。ただ、何より川村の目を釘付けにしたのは新球場の総事業費が五〇〇億円規模になるという記述だった。

投資規模が大きすぎる……。胸のざわめきが収まらなかった。食肉加工事業部門の責任者という立場にあり、この企業の取締役だからというだけではない。この三十年の日本ハムという会社の歩みを肌感覚で知っているからだった。

川村は一九八三年に入社した。当時、日本ハムは業界首位に立っていた。最大のヒット商品となる「シャウエッセン」はまだ世に出ていなかったが、まさにトップメーカーとして独走していく時期だった。早稲田大学を出て、幾多の企業から日本ハムを選んだのには複数の理由があった。まず営業職を志していたこと、同じ営業をするのであれば、より自分に身近な商品が良いだろうと考えたこと、そしてもうひとつはプロ野球の球団を持っていたことだった。広く世に知られ、文化を担っているというイメージが決め手になった。

入社して最初の仕事は豚肉の営業だった。販売会社を通じて自社商品を扱っているスーパーや商店に肉を卸す。当時、川村は大阪市内のある大手スーパーを担当していた。その店は食肉部門の売り上げが伸びると、その分だけ日本ハムの豚肉を買ってくれた。会社間での信頼関係は成立していたのだが、川村は自分も担当者として店の販促ができないかと上司に提案した。了承を得ると豚肉を使ったレシピを考案し、スーパーの精肉部長やバイヤーに食べてもらった。そして自らエプロンをして店頭に立ち、調理のデモンストレーションを行った。そうやって一〇〇グラム、百数十円の肉を売ってきた。

川村はその後も食肉事業部の畑を歩んだ。その傍ら、労働組合の委員長にもなった。社内に二つあるうちの第二組合。労使協調路線ではあったが、春闘の時期になれば、社員ひとりひとりの生活を守る責任を背負って交渉の場に立った。川村はこの会社で働く者たちが労働の対価としてどれだけの賃金を得ているか、どんな生活を送って、人生にどんな夢を描いているか、つぶさに見てきた。だからこそ、五〇〇億という数字には過敏にならざるを得なかった。

業界最大手として安定した今でも、日本ハムグループの営業利益は約五〇〇億円、グループ全体の年間設備投資額が約三六〇億円だということを考え合わせれば、スタジアムひとつに想定される数字がいかに巨額であるか、川村にはすぐに理解できた。

ファイターズが嫌いだったわけではない。むしろ、入社した当時は会社内に置いてある社員用のチケットを利用して、東京ドームに足を運んだ。だが、スタンドはいつも空席が目立った。負け試合が多かった。オリックス戦では、イチローを観に来たブルーウェーブ党が陣取る左翼スタンドだけが埋まっているという異様な光景を目にした。いつしか社員用のチケットにはほとんど手が伸びなくなった。

労働組合にいた頃にはファイターズが巨人軍を退団した落合博満に対して推定三億円をかけて獲得するという報道が出た。それを目にした川村は社長に直談判に行った。社員ひとりひとりの給料とあまりにもかけ離れた数字だったからだ。日本ハムという企業の社員にとってファイターズはたしかに身内ではあったが、お互いにどこか遠く離れた場所に住んでいるような距離感があった。

――川村を乗せたハイヤーはマンションを出ると中原街道と呼ばれる都道二号線を五反田方面へ向かっていた。車窓には見慣れた景色が流れていくが、川村の内面は波立っていた。新聞を手にしたまま、一面記事のことが頭から離れなかった。

寝耳に水だったわけではない。ファイターズが新しいスタジアムの建設を考えているようだとの情報は聞いていた。財務部門の責任者であり、ベースボール事業の担当でもある取締役のところにはすでに球団から相談があったようだった。それでも取締役会にも諮られていない事案がなぜ新聞記事として世に出るのか理解できなかった。何よりそこまで巨大な事業であることを初めて知った。

やがてハイヤーは五反田の手前で右に折れた。ＪＲ大崎駅前に地上三十階建てのタワーが見えてきた。東京支社はその十四階にあった。以前は品川駅近辺のいくつかのビルを部署ごとに離れて間借りしていたが、二〇〇〇年代後半に機能集約のため、この近代的なビルにオフィスを移した。

　エレベーターを上がりオフィスフロアに入ると、社内がざわめいているのが分かった。日経新聞の一面記事が波紋を広げているのだろう。中には新スタジアム計画そのものを初めて耳にした幹部もいるようだった。

「日経だけでなく、北海道新聞と日刊スポーツにも出ているらしい」

「なぜ、新聞に出たんだ？」

　川村は自分のデスクにつくと内線電話を手にした。広報部に問い合わせる。

　――この一件を事前に聞いていたのか？

　川村の質問に担当者は把握していなかったと答えた。胸のざわめきがさらに大きくなった。株主や証券取引所からも新スタジアム計画について問い合わせがきているようだった。その喧騒を目にしながら、川村はあらためてこの事業について考えてみた。

　毎年、数十億円規模の予算配分をめぐって各部署がしのぎを削っている中、ベースボール事業に五〇〇億の投資をしたいという。確かにチャレンジ精神にあふれた計画には違いなかった。そして、日本ハムという会社は挑戦を合言葉にここまで大きくなってきたのも事実だった。かつて川村がスーパーの販促のためにエプロン姿で店頭に立つという企画を出したときも上司は背中を押してくれた。徳島の小さな食肉加工工場から一代で国内トップ企業を築いた創業者・大社義規の生き方そのままに、リスクを怖れずチャレンジするという社風があった。

だが、今となってはもう過去の話だ。人間と同じように企業も少年から青年になり、やがて大人になって成熟していく。チャレンジだけではなく、リスク管理を求められるようになる。そしてこの会社は、その転機とせざるを得ない大きな不祥事を経験していた。輸入牛肉産地偽装事件――二〇〇〇年代初頭に世間を揺るがしたこの出来事を機に、日本ハムはその社風を大きく転換していた。

事件の発端は二〇〇一年に千葉県で「狂牛病」の疑いがある牛が発見されたことだった。イギリスで発生し、人への感染が問題になっていた牛海綿状脳症の感染牛が国内で初めて出たことを受け、政府は食肉牛の全頭検査を決めた。そして検査前に市場へ出まわった国産牛肉の買取事業を発表した。ところが翌年一月、この補助金制度を利用して、雪印食品が輸入牛肉を国産と偽って買取費用を不正請求し、補助金約二億円を騙し取っていたことが発覚した。

政府はこの不祥事を受けて、二月に業界各社に同様の案件が発生していないか自主検査を行うよう要請した。日本ハムグループも検査を行った。すると、子会社が産地を偽って買取申請していたことが分かった。ところが日本ハムはこの事実をすぐに公表せず、買取申請の窓口となっていた日本ハム・ソーセージ工業協同組合に申請の解除を申し出た。この事実が報道によって明るみに出て、不正の隠蔽が発覚した。食肉の安全神話が崩壊したこの一連の不祥事は大きく取り上げられ、世の中を揺るがした。

食肉事業畑を歩んできた川村は事件発覚の後、内部調査や善後策をまとめる対策本部の一員となった。そこで目の当たりにしたのは世間からの壮絶なバッシングだった。膨大な調査のため深夜まで会社に残る日々だったが、夜の十一時を過ぎても電話が鳴り止まなかった。消費者に怒鳴られ、なじられる中で、川村は自分たちがいる社内と、社会の常識との乖離を痛感した。

最終的にグループぐるみの隠蔽でなかったと判断されたとはいえ、買取申請を担っていたハム・ソーセージ工業協同組合の理事長は大社義規であり、当時の日本ハムの社長は大社啓二だった。世間の厳しい目に晒されるのは当然のことだった。不祥事を受けて、創業者は日本ハムの会長職を退き、大社啓二は社長から専務に降格となった。川村は対策本部の仕事をしながら、社内の空気がガラリと変わっていくのを感じていた。それは一つの時代の終わりであった。これからは創業家一任ではなく、ひとりひとりが企業を守っていかなくてはならない。突っ走るだけではなく、足元を見つめてリスクを回避しなければならない。それを機に日本ハムはチャレンジ・スピリッツから安定と信頼を確保するためのコンプライアンス遵守へと企業風土を変えていった。そして折しも、川村が牛肉偽装事件の処理に奔走している渦中、ファイターズは東京から北海道へと本拠地を移転したのだった。川村や社員にとって球団はますます遠い存在になった。

新スタジアム計画が報道されたことによる社内の喧騒は収まりそうになかった。波紋は広がる一方だった。上場企業には投資家に影響を与えるような情報については開示が義務付けられており、この一件は適時開示義務違反にあたるのではないかと証券取引所から指摘があったという。新聞情報が先行したのはグループ全体のガバナンスが疑われる問題でもあった。新スタジアム建設計画に対する本社の風当たりは強かった。他の取締役から聞いたところによれば、今後、球団からスタジアム計画担当者の二人が説明に来る予定だという。だが、川村はもうこの時点で自らのスタンスを決めていた。

この計画は不可能だ。あまりにリスクが大きすぎる。川村にはどうやっても、北端の地につくられる五〇〇億円のスタジアムをイメージすることができなかった。

4

厄介な人が現れたな……。三谷仁志は顔に刻印された笑みを相手に見せながら、内心で腕組みをしていた。眼前には日本ハム代表取締役のひとり、川村浩二がいた。四角い眼鏡の奥に光るその眼には頑なな意志が見えた。

「私は反対ですから——」

川村は会うなり、そう言った。言葉に硬質な響きがあった。

二〇一六年の夏、三谷は前沢とともに日本ハム東京支社を訪れていた。新スタジアム建設計画を本社役員に説明するためだった。五月に新聞報道されて以降、取締役会が行われる度、品川区の大崎駅前にそびえる地上三十階建てのビルを訪れていた。建物の巨大さがプロジェクトに対する高い壁のように感じられた。三谷らの説明を聞く取締役会の空気は重たかった。計画に対する懸念がそのまま雰囲気に表れていた。二人は会議のないタイミングでも東京支社を訪れることにした。ひとりひとり取締役のもとをまわってヒアリングするためだった。その中ではっきりとノーを突きつけてきたのが川村だった。

「私は反対ですから。賛成してもらいたければ、他の取締役のところへ行けばいい」

川村の言葉に、三谷は突然、目の前に暗幕を下ろされたような思いがした。

二〇一五年の春に前沢が球団に戻ってきてからというもの新スタジアム計画は順調に前進してきた。事業統轄本部のトップとなった前沢は事業収益を立て直すことと並行して、水面下でボールパークのプロジェクトチームを発足させた。球団代表の島田や三谷ら内部の人間だけでなく、世界四大会計事務所のひとつアーンスト&ヤングからスポーツコンサルティング部門のスタッフを連れてきた。DeNAと侍ジャパンでの仕事を経た前沢は独自の人脈を広げていた。その後、本社から新しくやってきた球団社長の竹田とともにアメリカのボールパーク視察に赴いた。ニューヨークやセントルイスなど各都市のスタジアムを実際に見て基本構想を固めると、二〇一五年の終わりには東京へ向かった。本社側の役員に会うためだった。どれだけ球団内で絵を描いても、本社の承認を得られなければ形にはならない。第一歩を踏み出せるかどうかの重要なミーティングだった。ターゲットは管理畑や財務畑を歩んできた数人の取締役だった。本社の金庫番とも言える人物にまず理解を得る必要があった。正直、その場でノーを突きつけられるかもしれないとも考えていた。だが、水面下での打診に返ってきた反応は良い意味で予想を裏切るものだった。

「君たちがやりたいことは分かった。すぐにはイエスともノーとも言えないが、ローリスク、ミドルリターンならばいいんじゃないか」

三谷はその返答に光を見た。本社とともに歩いていける手ごたえがあった。だが、順調だったのはそこまでだった。二〇一六年に入って新スタジアム建設計画の存在と総事業費が五〇〇億円規模になることが新聞で報じられると風向きは急転した。

「うちが日経の一面に載って、良いニュースだった例《ため》しはないんだ！」

「私は聞いていない」

叱責が降ってきた。水面下での話し合いでは見えなかった本社全体の反応が明らかになった。幹部たちは株主や証券取引所からの問い合わせに揺れているようだった。

札幌の球団事務所には本社から監査役が送り込まれてきた。

「あなたたちの組織のガバナンスは一体どうなっているんですか？」

本社側の感情を代弁するような冷ややかな視線がファイターズの職員たちに注がれた。そうした経緯から三谷と前沢はボールパーク構想への理解を得るため、たびたび東京に足を運ぶことになったのだ。

そこで感じたのは本社と球団の隔絶だった。長年、食肉業界で仕事をしてきた役員たちの中に、スポーツがどうビジネスになっているのか、プロ球団の運営実態について知見を持っている人物はほとんどいなかった。

「なぜ、札幌ドームではだめなんだ？」

「ドームと指定管理者契約を結べばいいのでは？」

三谷たちにとっては、もう何年も前から議論してきたことだったが、そうした質問に一から答え、説明する必要があった。創業者の大社義規が日拓ホームフライヤーズから球団を買収して四十年余り、会社の歴史の中でベースボール事業は創業家の領域であるとみなされてきたのだという。そして、今はもう会社経営そのものが創業家の時代ではない。この半世紀近くの間に少しずつ広がってきた本社と球団の乖離がこれほど大きかったのかと思い知らされることになった。

「五〇〇億、六〇〇億のスタジアムでうちの工場がいくつ建つと思う？」

ボールパーク計画に明らかな拒絶反応を示す役員は何人かいた。中でも最も旗幟《きし》を鮮明にしていたのが川村であった。「反対ですから」という言葉に続けて川村はこう言った。

「もし、どうしても承認してもらいたいのなら、他の役員に承認してもらえばいい」

ドアを閉めた上に、閂《かんぬき》をかけたような頑なさだった。日本ハムの取締役会は多数決制だが、長年の慣習として全会一致が暗黙のルールになっていると聞いたことがあった。一人でも反対者が出れば、その案件は保留されることが多いという。保留された案件は次の会議までに根回しをして、あくまで全会一致をめざすが、もしそれが叶わなければ却下される可能性があるという。創業以来、最大規模の投資案件となれば、なおさら全員の賛同が必要だろう。つまり、川村の反対宣言は事実上ボールパーク構想の頓挫を意味していた。

「また参ります――」

三谷はそれだけ言うと、東京支社を後にした。
大崎駅前のビルを出ると、そのまま羽田空港へ向かった。札幌の球団に戻ってやらなければならないことが山ほどあった。それでも、さすがに空港ロビーをゆく足取りは重たかった。これから本社を説得していく道のりの険しさを思うと尚更だった。三谷がふと視線を上げると、横を前沢が歩いていた。相棒はいつもの早足で搭乗ゲートへ向かっていた。川村の言葉に対して胸に渦巻くものがあるのだろう。もう何か次のアクションを考えているような歩調だった。真っすぐ前に向けられた三白眼が鋭さを増していた。その横顔が三谷を奮い立たせた。

立ち止まってなどいられない……。前沢が球団に戻ってきたとき、三谷が言ったのは「お帰り」の一言だった。心のどこかでそうなることを予期していたからだ。あの日、二人でつくった計画を前沢が捨てるはずがないと考えていた。

復帰した前沢とボールパーク構想を具体化していく中で印象的なことがあった。スタジアム周辺の施設について議論している時、前沢がこう言ったのだ。

「家に親がいない子供たちのための施設をつくりたい」

その言葉にはどこか本能的な響きがあった。多くの人間からすれば、それはスタジアムの必要条件ではないはずだった。だが、前沢にとっては絶対に欠かせない条件のようだった。その明確なイメージと意志から、彼がもう何年も前から理想のスタジアム像を描いてきたことがうかがえた。

三谷はあらためて前沢の推進力の源泉を見たような気がした。前沢は確かにビジネスの上で実績を上げてきた。利益至上主義のネゴシエーターと見られることも少なくなかった。だが、ともに仕事をしていると、どちらかといえば損得には疎いことに気づく。むしろ人間や社会への思いという四十代にしては青くさい部分を行動指針にしていた。一体どんな育ち方をしたら、こういう人間になるのか……。前沢のそんな部分を見ていると、三谷もまたこの世界に足を踏み入れた原点を思い起こさずにはいられなかった。

三谷には明確に、スタジアムで生きていこうと決めた一日が存在した。

5

三谷は商社マンの父のもとに生まれた。一家での海外駐在が多く、一つの土地に長く暮らしたことはなかった。イランに在住していた四歳の頃などは革命による暴動と弾圧が起こり、一家で日本へ逃げ帰ったこともあった。日本では小学校を二つ、アメリカに移った中学からは毎年のように学校を変わった。異なる文化や価値観の中に身を置き続けた三谷は次第にどんな環境にも順応できるようになっていった。コツは相手の話を聞いて受け入れること、微笑むことだった。そうやってコミュニティに溶け込んだ。

三谷さんはいつも笑顔ですね——人からそう言われるのは、そんな生い立ちのためかもしれなかった。

三谷の自宅には父を訪ねてあらゆる職種の人たちがやってきた。メーカーや金融関係、職人もいた。そんな大人たちの会話を耳にしているうちに比較的早く職業観が芽生えた。そしてロサンゼルスに住んでいた高校一年生の春、人生を決定づける仕事に遭遇した。

その日は現地駐在の商社マンの家族同士でエンゼル・スタジアムにメジャーリーグ観戦に行った。パナソニックの幹部だった父の友人がプライベートルームを用意してくれていた。ところが、試合の途中で日本からの緊急連絡が入った。パナソニックの創業者、松下幸之助が逝去したという。大人たちは各方面への対応のため席を立ち、部屋には三谷ら高校生三人が残された。

するとそこへ真っ赤なエンゼルスカラーのポロシャツにベージュのチノパン姿の女性が入ってきた。

「あら、君たちだけになっちゃったの?」

エンゼルスの球団職員だという彼女は言った。

「高校生だけでここにいるのはあまり良いことじゃないわね。せっかくだから、私の仕事を教えてあげる」

それから彼女はスタジアムの中を案内してくれた。目の前で行われている試合と、それを観ている観衆との間にどんなビジネスが存在していて、どんな人間が働いているのかを説明してくれた。彼女の視線の先には自分たちのスタジアムがあり、スタンドの人々の笑顔があった。それを目の当たりにしながら日々、仕事をしているのだ。

こんなに分かりやすい形で人を喜ばせる仕事が世の中にはあるのか……。これまで見たことのない仕事に三谷は引き込まれた。

翌日、三谷は学校を終えると、カリフォルニア大学の図書館に向かった。広大な書棚の中から一冊の本を手に取った。

『スポーツマーケティング』

シンプルにそう題された分厚い本を借りると、何度も繰り返して読んだ。誰かの言葉に微笑むのではなく、自分の手で誰かを微笑ませる。いつかエンゼル・スタジアムの彼女のような仕事をする――三谷はその時点で心に決めていた。

京都大学を卒業して就職したのは住友商事だった。プロ野球の球団で働きたくとも、当時はまだその入口がどこにあるのか分からない時代だった。だからまず商社で財務能力を身につけようと考えた。幼い頃から様々な職種の大人に触れてきて分かったことがあった。野球に例えれば、商品を生み出すメーカーは選手であり、企業を支援する銀行は観察だった。そして総合商社は監督やコーチであり、球団のフロントであった。三谷はコンダクターになりたかった。

住友商事に入社して七年目に社内のMBA留学制度を利用してアメリカへ渡った。三谷はそこでマイナーリーグ球団のインターン職員として働いた。会社には秘していた。昼間は地方都市の小さなスタジアムで無給の仕事をして、夜は同僚のワンルームの台所で寝袋にくるまった。スタジアムで試合を運営するとはどういうことか、いつか訪れるであろう機会のために身をもって知っておきたかった。

そして三十歳に差しかかったある日、その瞬間がきた。新聞にプロ球団が事業部マネージャーを募集するという記事が載っていた。求人していたのはその後、球界再編騒動で近鉄バファローズを吸収合併することになるオリックス・ブルーウェーブであった。

先の見えない賭けだったが、三谷は躊躇うことなく辞表を出した。

上司に訊かれた。

「どこに移るんだ？　ゴールドマン・サックスか？」

「いえ、オリックスです」

「そうか……。オリックスもお前のような人材を獲りにくるようになったか」

「オリックス・バファローズにいきます」

上司はそこで絶句した。住友商事に入社したのに、なぜわざわざ不安定なプロ球団の職員になろうというのか……。顔にはそう書いてあった。

「そうか……分かった。やりたいことがあっていくんだろう。ちなみに俺は阪神ファンだが……」

言葉が見つからなかったのか、上司はそれだけ言うと背中を押してくれた。

振り返ってみれば、三谷もまた前沢と同様、真っすぐにこの道を歩んできた。十代のあの日、エンゼル・スタジアムで見た彼女のように、自分が生み出した空間で誰かを笑わせてみたいと願ってきた。

五〇〇億円を超える新しいスタジアムは本当に必要なのか？

本社の人間にそう問われれば、迷いなく必要だと答えることができた。

――三谷と前沢を乗せた札幌行きの飛行機が離陸した。機上の人になってもやはり、川村の言葉は頭から消えなかった。

「私は反対ですから」

あの人を説得しない限り、道は開けない。プロジェクトに立ちはだかる大きな壁であった。ただ、川村を憎いとは思わなかった。どこかシンパシーすら感じた。冷静に考えてみれば川村の発言は取締役として当然だった。反対の意思を表明した後に川村はこう言った。

「財務的な根拠が示されていない。投資対効果が分からない。五〇〇億円を投資して、いくらのリターンがあるのか」

夢やロマンだけではなく、現実的なリスクとリターンのバランスを示せということだった。グループの中には投資案件がいくつもあり、取締役はその中から取捨選択しなければならない。五〇〇億円規模のボールパーク事業を選ぶとなれば。リスクに目がいくのは当たり前だった。立場が変われば自分もノーと言っただろうと三谷は思った。川村の頑なさは会社に対するロイヤリティの証であり、仕事に対する真摯さの裏返しであり、そういう意味では自分たちのボールパークに対するそれと同じだった。夢と現実のバランス。それが突破口だった。

あの日、二人でつくった企画書を捨てられなかったのは三谷も同じだった。前沢が球団を去った後もキャビネットに並んだフォルダの中に残してあった。年末に掃除をするたび、目にしては時間を忘れて読み返してきた。

財務のスペシャリストとして、川村さえも頷かざるを得ないような根拠を示す。そのために自分は前沢の隣にいる。三谷の腹は固まっていった。

いつだったか、大社に言われたことがあった。

「お前たちは北風と太陽だ。前沢の行動力と三谷の論理。北風と太陽政策でいけばええ」

本社の役員たちがまとっているコートを脱がせるまで二人で何度でも通い続ける。そう決めると、迷いが消えた。

新千歳空港に降り立った頃には、もう北国の陽は沈みかけていた。それから二人してまっすぐ球団事務所に戻ると、その夜は遅くまでオフィスにこもった。

二人には本社の説得と並行してやらなければならないことがあった。

新スタジアムをどこにつくるか――。

それはある意味で、本社の承認を得ること以上に長い時間とタフな交渉が想定される問題だった。前沢と三谷はすでに二十カ所ほどの候補地をリストアップしていた。そして、その中には二〇〇万人都市、札幌以外の場所も含まれていた。

第五章　アンビシャス・シティ

1

午後十時をまわった札幌駅は帰宅客で賑《にぎわ》っていた。細く長いホームには普通列車・千歳行きが停車していた。蛍光灯に照らされた車体は扉を開いたまま、郊外へと帰る人々を待っていた。

二〇一六年一月半ばのある夜、北広島市役所の企画財政部企画課に勤務する杉原史惟《ふみよし》は同僚とともに電車に乗り込んだ。この夜は課の新年会だった。札幌駅前の居酒屋で飲んで、カラオケ店へとハシゴした後、連れ立って北広島に戻るところだった。

普通列車の七人掛けロングシートにはまだたっぷりと空席があった。杉原は、次長の川村裕樹が座るのを待ってから、その隣に腰を下ろした。アルコールがまわっているせいか、身体の芯には火照りがあり、開いた扉から車内に入り込んでくる冷気が心地よかった。隣を見ると、川村の頬も少し赤らんでいた。上司と部下として年齢は干支ひと回りほども離れていたが、川村に近寄りがたい空気はなかった。北国の晴天のようにカラリとした名調子は酒が入るとさらに滑らかになった。この夜も居酒屋で冗談を飛ばし、カラオケでは十八番の「あの鐘を鳴らすのはあなた」を歌い上げ、課員たちを沸かせていた。入庁十二年目、三十四歳の杉原があえて上司の隣に腰掛けたのはそんな気安さのせいもあったが、じつはもうひとつ理由があった。

杉原はこの数カ月ずっと、川村の様子が気になっていた。急に単独行動が増えたのだ。

何か秘密を抱えているような気配があった。

　異変が起きたのは前年の秋だった。北広島市はその頃、積年の課題だった総合運動公園整備計画に向けて動き出していた。政府からの助成金を受けた官民連携支援事業の担当者が川村であり、同じ課の杉原もプロジェクトチームに加わっていた。計画はまず開発をともにする民間パートナーを探すことから始まった。その過程で訪ねたのが、候補のひとつに挙がっていた北海道日本ハムファイターズだった。

　初めてのプロ球団との会談。川村は北広島市として望んでいることを伝えた。たとえ年間数試合でも二軍の公式戦を誘致できないか。そのための球場設備としてはどんなものが必要なのか。その問いに球団側は事業部門のトップが対応した。前沢賢という人物だった。前沢は質問したことに過不足なく答えを返してきた。イエスもノーもなく、その日はヒアリングのみで終わった。何かが進んだという実感はなかった。ところが、その直後から川村の身辺が急に慌ただしくなったのだ。

　仕事中に頻繁に携帯電話が鳴るようになった。その度に川村はわざわざ席を立ち、人目のないところへ移動した。断片的に漏れてきた会話の内容から察するに、電話はファイターズの前沢からのようだった。そして、これまで外出には杉原ら課員を伴うことの多かった川村が、「球団に行ってくる」とひとりで出掛けるようになったのだ。

　一体、何があったのか。課内にも知られては困る案件なのか。上司の突然の変化はずっと心に引っ掛かっていた。

普通列車は沈黙を保ったまま、断続的に乗り込んでくる客たちを迎え入れていた。発車時刻まではまだ数分あった。杉原は車輛内を見渡した。川村は酔いにまかせ、気持ち良さそうにシートにもたれていた。他の同僚たちも適度な距離を保って座っていた。

「あの、次長、ひとつ訊いていいですか？」

杉原は少し声を落として切り出した。川村は顔に微かな陶酔を浮かべたまま頷いた。

「最近よくファイターズとお話しされているようですが、何かあったんでしょうか？」

何気なく訊いたつもりだった。だが、その瞬間、川村の表情が一変した。驚いたように顔を上げると、杉原を見た。

しばらく沈黙があった。オープンな性格の川村が口籠るのは珍しいことだった。杉原は不都合なことを訊いてしまったのかと不安になったが、やがて川村は意を決したように、こう言った。

「まだ何も決まっていないんだ……。だから、ここだけの話にしておいてくれ」

杉原は「はい」と返答して唾を飲み込んだ。川村は車輛内を見渡しながら声を潜めた。

「じつはな、ファイターズが札幌ドームを出るっていう話がある」

今度は杉原が目を丸くする番だった。

ファイターズが札幌ドームを離れる……。なぜ？

漠然とした疑問が浮かんだ。

川村はさらに声のボリュームを落として続けた。

「球団はいま新しい球場をつくる場所を探しているんだ。そして、その建設候補地に……北広島が入っている」

思わず杉原の口から「え」と声が出た。

ファイターズが北広島に……くる？

疑問を通り越して頭は真っ白になった。杉原は呆然としていた。全身にまわっていた酔いが醒めていく感覚があった。

川村の言葉を聞いて、この数カ月の異変には合点がいった。頻繁な電話はやはりファイターズの前沢からであり、内容はとても他言できるようなものではなかったのだ。その秘密を一人で抱えてきた川村の胸中は察することができた。

だが、打ち明けられた事実はあまりに現実離れしていた。北広島は半世紀も眠っていた総合運動公園の開発に腰を上げたところだった。プロ野球二軍戦の誘致でさえハードルの高い挑戦と考えていた。そんな人口六万人に満たない小さな自治体に、年間二〇〇万人を動員するプロ野球球団がやってくることなどあり得るだろうか。答えは明白だった。

杉原はあらためてファイターズと会談した日のことを思い起こしてみた。球団側の交渉者である前沢は黒縁眼鏡の奥に鋭い眼を光らせていた。いかにもスポーツマーケティングの世界を生き抜いてきたビジネスマンという隙のなさを感じさせた。そして、場の空気にかかわらずストレートに物を言う人物だった。

二軍戦誘致のために必要なスタジアム設備について議論している最中、前沢がこんなことを口にした。

「もし北広島市さんが本当にプロの試合でお客さんを呼ぼうと思うなら、メジャーリーグの球場を見に行った方がいいですよ」

それに対して、川村が同行させていた調査会社のスタッフが自嘲気味に笑った。

「いえいえ、こちらはあくまでアマチュアの試合をベースに考えていますから……」

すると前沢が急に語気を強めた。

「そっちが訊きたいというから、ベストだと思うことを話しているんだろう」

場は静まり返った。何とか川村がとりなしたが、初対面の会談としては異様な緊張感が漂っていた。

前沢は、杉原がこれまで出会ったことのない人物だった。役所の中にはいないタイプだった。だからだろうか、正直に言えば怖いと感じた。そして、そんな前沢の第一印象を思い浮かべると、急に不安になってきた。

もしかしたら、北広島は当て馬にされているのではないか……。

今しがた耳にした計画があまりに突飛だったこともあり、そんな疑念が湧いてきた。商業的に考えれば、プロ球団にとってホームスタジアムが大都市にあることは絶対条件のはずだった。札幌から北広島まではＪＲ千歳線で二十分ほどである。東京や大阪の感覚であれば近距離だが、地下鉄圏内で生活している札幌市民にとっては遠出にあたる。事実、札幌市民は日常の足である地下鉄に比して、ＪＲ線のことを「汽車」と呼んで区別していた。

前沢は北広島を新スタジアムの候補地に挙げながらも、最初から札幌ありきという結論を出しているのではないか……。

杉原は隣に座る川村に向き直った。

「次長、こんなことを言うのは何ですが……。この話、球団側がどこまで本気なのかわかりませんよ」

それは上司の身を案じてのことでもあった。

だが、川村の眼は揺るがなかった。たとえ会議中であっても冗談を忘れることのない男が真顔を崩さなかった。川村は杉原を見つめ返すと、言った。

「前沢さんはな、スタジアムのために新しい駅をつくることまで考えているようなんだ」

すぐには理解が追いつかなかった。球場専用の駅ということだろうか。つまり北広島に二つ目の駅ができる……。

もはや想像を超えていた。杉原は何とか、こう言うのがやっとだった。

「それは、無理でしょう……」

いつしか車内は混み始めていた。赤ら顔をしたコート姿の人々がシートを埋め、つり革にぶら下がっていた。そこでようやく夜のホームにアナウンスが響き、扉が音をたてて閉まった。普通列車・千歳行きはゆっくりと動き出した。

車窓の向こうに漆黒の闇が流れていく。杉原は横目で川村を見た。重大な計画を部下に打ち明けたからだろうか、川村はそれっきり口をつぐみ、思い詰めたように宙を見ていた。

車輪が線路に擦れる音と規則的な揺れの中で、杉原は頭の中を整理しようとしていた。胸には相反する二つの感情が渦巻いていた。

ひとつは諦めだった。ファイターズが札幌ドームを出るのは事実かもしれない。そうだとしても、北広島にやってくる可能性はどう考えてもゼロだった。

だがもうひとつ、否定の裏でどうしても捨てきれない感情があった。たとえわずかでも可能性を信じてみたいと微かな願望を抱いている自分がいた。そうさせていたのは川村の表情であり、眼差しだった。公務員として道標にしてきた男の本気が、この現実離れした計画をかろうじて現実として受け止める根拠になっていた。

杉原にとって川村は〝奇跡の男〟だった。

初めて会ったのは二〇〇五年春、北広島市役所に入庁した日だった。辞令交付式の後、新人職員たちは研修を受けた。その講師をしていたのが川村だった。講習が一段落して休憩に入ったとき、杉原が佇んでいると背後から声を掛けられた。

「きみが杉原か？」

振り返ると、川村が立っていた。さっきまで講師をしていたベテラン職員がなぜ、ひとりの新人の名前を知っているのか？　杉原は不思議に思った。

きょとんとする新人に向かって、川村は言った。

「開成野球部の川村だよ」

その一言ですべてが繋がった。

「あ、あの……ミラクル開成の川村さんですか？」

世代こそ離れていたが、杉原にとって川村は札幌開成高校野球部の先輩であり、ずっと憧れてきた存在だった。

札幌市東区生まれの杉原は一九八八年に札幌開成高校が初めての甲子園出場を果たした夏のことを覚えていた。当時はまだ六歳だったが、幼いながらに大人たちがざわめいているのが分かった。家族だけでなく隣近所も、町全体が浮き立っていた。人々が口にする「かいせいい」という誇らしげな響きが耳に残った。

少年野球を始めると、仲間たちにこう言った。

「俺は開成に行って野球をやる」

杉原はその言葉通り、札幌開成高校に合格して野球部員となった。それからは八八年の全道大会決勝戦のビデオを繰り返し見た。無名の選手たちばかりの公立校が精鋭を集めた私立の強豪を破っていく。円山球場のスタンドが揺れていた。札幌だけでなく、北海道中の人たちが熱狂していることが伝わってきた。繰り返し見るうちに、ミラクル開成には二人の川村がいたことを知った。そうやって一九八八年夏の残像を追いかけた。

「あの決勝戦……、何度も見ました」

入庁の日に遭遇した憧れの人物を前に杉原は言った。川村は「そうか」と照れたように笑うと新人職員の肩を叩いた。

「杉原、いずれ一緒に仕事をやろう――」

やれるといいな、ではなく、やろうと断言してくれたことが胸に残った。

ただ、入庁後も川村との距離は遠かった。杉原は教育委員会の専門職である社会教育主事としての採用だった。当時の教育委員会は建物も市役所とは分かれており、日常的に川村と顔を合わせることはなかった。最初に任されたのは文化担当で美術展や音楽講座を企画するのが主な仕事だった。毎日、北広島駅前の芸術文化ホールに足を運んだ。スポーツ教育に携わるために大学を出て、この仕事を選んだ杉原はいきなり右も左も分からない世界に放り込まれた。自分は何のために入庁したのかと悩んだこともあった。そんな期間を乗り切れたのも、あの日の川村の言葉があったからだった。

そして、長らく棚上げされてきた総合運動公園開発事業が動き始めた二〇一五年、市役所の企画財政部から出向の要請が届いた。それはつまり川村から杉原へのオファーであった。教育長から意思を確認されると、杉原は迷わず「いかせていただきます」と答えた。ようやく川村とともに仕事をする時がきた。以来、杉原の日々は充足していた。

この街に高校野球の全道大会が見られるような硬式野球場をつくる──川村の夢は、杉原のそれとも重なっていた。ようやく自分が望んでいた仕事に巡り合えた感覚があった。

ところが今、その夢が思わぬ広がりを見せようとしていた。本来なら血を滾《たぎ》らせるべきなのかもしれない。空から降ってきたようなチャンスを歓迎すべきなのかもしれない。だが、あまりにそれが唐突で巨大すぎるため、杉原は受け止めることができなかった。手を出せば、すべてを失ってしまいそうな気がして怖かった。

札幌を出た普通列車は東へ進んでいた。苗穂、白石、平和……、市内の各駅に停車しながら郊外へ向かっていく。新札幌駅を過ぎた頃には、冷え込んでいた社内は乗客の熱とシートの足元から吹き出す暖房によって温もっていた。座席では何人かの客が船を漕ぎ始めていた。杉原にも覚えがあった。冬の夜に飲んだ帰り、足元からの暖気と規則的な列車の揺れによって抗しがたい眠気に襲われる。寝過ごして終点の千歳駅で目覚めたことは一度や二度ではなかった。だが、この日はなぜかまったくと言っていいほど眠気は感じなかった。頭には先ほど耳にした衝撃的な事実が残っていて、神経を昂らせていた。

列車は札幌市を抜け、北広島駅に差し掛かろうとしていた。杉原と川村が並んで座っているロングシートからは南側の景色が見えた。意図したわけではなかったが、正面のガラス窓越しに総合運動公園建設予定地が見える位置だった。杉原は思わず目を凝らした。深さを増した闇の向こうに眠れる森のシルエットが微かに浮かんでいた。

あの森が東京ドームや甲子園球場と同じように、プロ野球のホームスタジアムになるかもしれない……。杉原は想像してみたが、イメージは形にならなかった。

おそらく、この列車に乗っている人間の中で、そんな思いであの森を見つめている人間はいないだろう。そもそも、森があることすら気に留めていないはずだ。ぼんやりとそんなことを考えながら、列車に揺られていた。隣を見ると、川村も窓の向こうをじっと見つめていた。札幌駅を出てから川村との間に会話はなかった。

北広島駅に着くと、車輛はゆっくりと停止した。杉原ら北広島市役所の一行とともに数人の客が降りた。人影のないホームには札幌より厳しさを増した冷気が待っていて、車内で蓄えた温もりをあっという間に奪い去っていった。階段を上がり、一カ所しかない改札口を抜けると、構内は閑散としていた。駅前にはいつもの静かな景色があるだけだった。札幌のネオンとは比較にならない小さな灯りが二つ、三つ点いているだけだった。

2

翌朝、杉原はいつものように企画財政部に出勤した。頭の奥に宴のあとの気だるさが微かに残っていた。そのためか、一夜明けてみると前夜の帰宅列車で川村から打ち明けられた事実は夢か現《うつつ》か分からなくなっていた。幻だったのではないかとさえ思えた。

席についてフロアを見渡すと、川村はもう自分のデスクにいた。前夜の酒の痕跡を感じさせることなく仕事を始めていた。杉原は我に返ってパソコンを開いた。画面を起動すると一通のメールが届いていることに気づいた。川村からであった。

少し緊張しながらメールを開いた。短い文面が朝の気だるさを吹き飛ばした。

『昨日の話ですが、まだ動き出していません。具体的に動き出したら報告しますので、それまでは胸にとどめておいてください』

幻ではなかった。杉原は想像を超えた現実にあらためて身震いすると、しばらく文面を見つめていた。

二〇一六年春、柴清文は午後五時を待たずに北広島市役所を出た。残務の憂いはなく、足が自然に前へと急いた。四十歳の公務員はその日、開幕したばかりのプロ野球のナイターを観戦することになっていた。庁舎を出ると、同僚と幾人かで車に乗り合わせて札幌ドームへ向かう。どんなゲームであれ、柴は午後六時のプレーボールから観戦しなければ気が済まない性質だった。だからチケットを手にした日は早めに出勤し、前倒しで仕事を終わらせることにしていた。

柴はこの春に北広島市役所総務部秘書課から企画財政部企画課に移ってきたばかりだった。幸いにして部長の川村裕樹も朝型人間で、あまり残業をしないタイプだった。そして帰宅するときは机の上の一切を整理し、パソコンのマウスだけにして帰っていくのが常だった。

「俺は机の上というのは、その人の頭の中だと思っている」

異動してきて最初の日、川村にそう言われたことが印象的だった。シンプルに片付けられた机上は言動に迷いのない川村自身を象徴しているように見えた。だから柴も机の上に広げた書類を整理してから課を出てきた。

車は道道一〇八〇号栗山北広島線を西へ走った。右手に広大な国有林、左手にゴルフ場を見ながら緑の景色が続く。札幌市との境にあたる大曲《おおまがり》まできて国道三六号に出ると、ようやく視界が変わった。ショッピングセンターや飲食店の看板が見え、都市の気配が漂ってくる。周囲の景色の変化に伴って柴の感覚も日常から非日常へと解放されていく。

やがて小高い丘陵の向こうに札幌ドームの銀色の屋根が見えてきた。高校を出てから二十年間、北広島市役所で勤務してきた柴にとって、そこはテーマパークのような場所だった。規則正しい公務員生活の潤いとして野球観戦を享受するようになったのは二〇〇四年にファイターズが札幌に移転してきたからであり、札幌ドームというスタジアムがあるからだった。そして今やそれは柴の人生に欠かせないものになっていた。

フロントガラス越しに見えるドームが次第に大きくなってくる。柴は眼前に迫るスタジアムを眺めながら、ふと複雑な思いになった。一カ月ほど前に気がかりな噂を耳にしたのだ。まだ秘書課にいる時のことだった。

「ファイターズが札幌ドームを出るらしい」

秘書課員は市長や副市長の近くで仕事をしている。そのため、時に機密の類も否応なく聞こえてしまうことがある。ただ、今回はさらに耳を疑うような話があった。

「どうやら、うちの町が新しいスタジアムの建設候補地になるらしい――」

咄嗟に何かの間違いだろうと思った。それきり噂の続報は耳にしなかったが、ずっと胸に引っかかっていた。

札幌ドームはいつもと変わらず、柴を待っていた。入場ゲートをくぐると平日の夕方にもかかわらず、スタンドは七割方埋まっていた。黒を基調としたシックなスタンドにファイターズカラーの白と金色が映えていた。入団四年目の大谷翔平を開幕投手に立ててスタートしたこのシーズンへの期待が場内に満ちていた。その光景を見ていると、あの噂はやはり誰かの勘違いであるように思えた。

ビールとつまみを買い込んで席につくと、プレーボールまではまだ数分あった。ゲームの第一球からじっくりと見ることができた。充足感が身を包んでいく。柴は月に二度はこうして野球観戦に来ていた。うち一回は週末に子供を連れてきた。息子はこの球場でケンタッキーフライドチキンを買うのを楽しみにしていた。日本ハムの本拠地だというのに、なぜケンタッキーの店舗があるのか。なぜ、これほどスタンドの傾斜が急勾配なのか。不思議に思ったこともあったが、ゲームが始まってしまえば些細な疑問は頭から消えた。他の多くの道民と同じようにほとんど他の球場に行ったことはなかった。何よりファイターズに対する思い出は札幌ドームとともに刻まれていた。

とりわけ柴が特別な思いで見続けている選手がいた。中田翔。名門大阪桐蔭高校からドラフト一位でやってきたホームランバッター。どこかガキ大将の匂いを漂わせたファイターズの四番打者である。期待を裏切られることもあったが、空振りでさえ絵になるところが好きだった。柴自身も小学生時代は野球チームに入っていたが、小柄だったため主に一、二番を打ち、長打でなく足で内野安打を稼ぐタイプだった。それゆえか、ホームランか三振かという中田の豪快なスイングに惹かれた。勝敗にかかわらず、次こそは想像を超えるような放物線を見せてくれるのではないか、そんな期待を抱かせてくれた。息子と揃えた背番号6番のシャツを着てメガホンを叩く。バッターボックスの中田翔に一喜一憂する。それに勝る幸せは今のところ見当たらなかった。ダルビッシュ有の痛快な快投劇も、我がとのように手に汗握る斎藤佑樹のピッチングも、そして中田翔のフルスイングがもたらすジェットコースターのような浮き沈みも、すべて息子の成長とともに、このスタジアムで記憶してきた。柴にとって札幌ドームはファイターズと自らの人生が綴じられたアルバムのような場所だった。

非日常空間での時間はあっという間に過ぎ去っていった。ゲームセットが告げられると、柴はまた来た道を引き返していく。札幌から北広島へ。西から東へ。街灯は次第にその数を減らし、やがて闇に浮かぶ山並へと景色が変わる。都市の気配は消え、柴の心も非日常から日常へと帰っていく。そしてまた、次にドームへ向かう日を待つ。

「ファイターズがドームを出るらしい」

「うちの町が新しいスタジアムの建設候補地に入っているらしい」

あの噂のことはまだ胸にあった。ただ、もし仮に噂が本当だとしても、この小さな街にプロ野球がやってくる可能性は限りなくゼロに近いはずだった。二〇〇万人都市の札幌と比べて、五万八〇〇〇人の地方都市を選ぶ理由がどこにあるだろうか。集客性においても、交通利便性においても、この街が勝る要素はほとんど見当たらなかった。そこまで考えて、柴はふと思った。

いや、まったくのゼロではないかもしれない……。

浮かんでいたのは川村の顔だった。およそ二万人の職員が働く札幌市役所に対して、北広島市役所は総勢五〇〇人の小所帯だった。自治体としての規模は比較にならない。だが、川村のようなキャラクターと実行力を持った人物はどの自治体を探してもそうはいないように思えた。柴は川村と仕事をともにするのは企画財政部に移ったこの春からだったが、プライベートでは以前から繋がりがあった。少年野球である。

柴の息子は「北の台カープジュニア」という少年野球チームに入っていた。北広島では土地の歴史から、たいていのチームにカープと名がついていた。週末になると、市役所から車で数分の緑葉公園グラウンドで試合があった。そこは、この街でほとんど唯一と呼べる本格的な軟式野球場だった。黒土と芝生の上に子供たちの叫声と球音が響く。柴が父兄コーチとしてグラウンドに行くと、そこに川村の姿を見つけることがあった。川村は「東部カープジュニア」というチームの監督を務めていた。

監督としての川村も職場と同様に人目を引いた。たいていのチームの指導者は一段掘り下げられたベンチに腰を下ろして試合を見ているが、川村は最前列に仁王立ちしていた。片足をグラウンドに入れて身を乗り出し、一球ごとに「ヘイ、ヘイ、ヘイ」と声を上げていた。選手たちに冗談を飛ばすこともあった。何より異色だったのは川村のチームが待球も送りバントもせず、その代わりに果敢にホームスチールを仕掛けることだった。ホームスチールとは相手捕手が待ち受ける本塁への盗塁であり、野球の戦術の中で最も成功率の低い作戦のひとつとされていた。それだけに綿密な準備、観察眼と走力が要求され、成功すれば観衆が沸き、語り草になるようなビッグプレーだった。プロ野球では二〇〇四年のオールスターゲームでファイターズの新庄剛志が披露して話題となった。

柴はいかにも川村らしいなと思った。川村のチームは試合には負けることが多かったが、敵味方問わず応援したくなるチームだった。それは札幌ドームで中田翔の打席に抱く感情とどこか似ていた。いつか想像を超える結果を見せてくれるのではないか、自分には打てない特大ホームランが見られるのではないか、そんな予感を抱かせてくれるのだ。

柴は入庁以来、秘かなコンプレックスを抱えてきた。札幌と北広島の境にある札幌真栄高校を卒業すると、長男という事情もあり、札幌市清田区の実家から近く、転勤のない北広島市役所に入った。とくに抵抗はなかった。大都市よりも小さな自治体で、より深く市民と関わる仕事の方が自分には合っていると思った。だが、その後、大学卒の新人職員が入庁してくるたび、どこか眩しいものを見るような心境になった。どういうわけか、彼ら彼女らが評価されるたび心がざわめいた。そんな自分に嫌気がさすこともあった。

だが、川村の姿を見ていると、微かな劣等感はどこかに消え去った。川村は庁内で高卒の叩き上げともいうべき存在だった。市長の右腕として動き回り、議会にも顔が利いた。そういう意味で川村は仕事場でもプライベートでも、柴にとって太陽のような存在だった。その川村がファイターズの新スタジアム計画に動くのであれば、可能性はゼロではないかもしれない……。

札幌ドームを出た車は三十分ほどで北広島に着いた。ナイター観戦の常で帰宅した頃には深夜になっていた。市役所から徒歩圏内の自宅周辺はすでにしんとしていた。ただ、この夜はいつもの静寂が何かが起こる前の予兆のようにも感じられた。柴にとって非日常と日常が溶け合うような不思議な夜だった。

川村が企画財政部企画課のメンバーを集めたのは、それから数日後のことだった。他の部署から見えない会議室に全員を呼んだ。柴も教育委員会から出向している杉原らとともに、その輪の中に入った。

川村は課員たちを見渡すと、こう切り出した。

「北海道日本ハムファイターズが新しいホームスタジアムをつくろうとしています」

柴はひとつ息を飲んだ。噂は本当だったのだ——。

「球団はその建設地を探しているのですが、北広島市として、正式に新スタジアムの誘致に乗り出すことになりました」

部屋は沈黙よりも深く静まり返っていた。誰もが身を硬くしているようだった。

「これから企画課全体でこの仕事に取り組んでいきますので、宜しくお願いします」

抑制の利いた言葉には全身を貫くような響きがあった。ユーモアを絶やさない川村が最初から最後まで真顔だった。気がつくと、柴は両の拳を握りしめていた。

この街にプロ野球がやってくるかもしれない……。

どれくらいの都市が名乗りをあげるのかは知るよしもなかったが、いずれにしても札幌以外の都市が候補地となること自体が信じられなかった。

誘致合戦が始まる——。川村が課員を招集したのはそういうことだ。柴はこれから身を置くプロジェクトの壮大さに身震いした。同時に、どれほど高いハードルであるかも想像してみた。二〇〇万人の大都市に五万八〇〇〇人の地方都市が立ち向かう。それは野球に例えれば、圧倒的に力量差のある相手からホームスチールを奪うような戦いであった。

3

二〇一六年六月十四日、北広島市長の上野正三は市議会定例会において、北海道日本ハムファイターズ新球場の誘致に乗り出すことを表明した。それを受けて北広島市役所では誘致に関する提案書づくりが始まった。庁舎の三階、企画財政部企画課フロアの一角には密度の濃い緊迫感が漂うようになった。課を統《す》べる川村にも課員たちの高揚感が伝わってきた。

官民が連携しての開発事業は三十年に及ぶ川村の公務員キャリアの中でもほとんど経験がなかった。特にエンターテイメント分野は未知数だった。どんな資料をつくるべきか、どこに力点を置くべきか、民間企業のスタンダードを知るために手探りで進んでいくしかなかった。確実なことは提案する建設地が三十二ヘクタールの広さを持つ「総合運動公園建設予定地」であることのみだった。

誘致に乗り出すと宣言して以降、表からも裏からも様々な声が川村の耳に聞こえてくるようになった。

こんな小さな街に本当にプロ球団が来るとは思えない。

札幌市との交渉の当て馬にされているだけではないか？

結局、最後は札幌に建設すると決まっているのではないか？

大半は懐疑的なものだった。当然だろうと川村は思った。高校野球の甲子園予選さえ開催されたことがなく、運動公園整備にようやく腰を上げたばかり、そんな自治体にいきなりプロ野球の球団がやってくることなど想像できる人間はいなかった。川村自身も心の片隅ではある程度、結末を予想している部分があった。可能性が低いことは間違いなかった。

ただ、川村が他の人間と違ったのは、自分たちにも活路がある、可能性はゼロではないという実感があったことだ。それは実際にファイターズ側の担当者である前沢と接してみてはじめて生まれた感触であった。

前沢と初めて顔を合わせたのは前年、二軍戦誘致の可能性を探るためにファイターズの球団事務所を訪れた時だった。その場では意見交換に終始したが、翌日、前沢から携帯電話に連絡があった。

「川村さん、昨日の場では言えなかったことがあるんです」

川村には何のことか想像がつかなかった。前沢は少し間を置いてから話し始めた。

「じつは札幌ドームを出ようと思っています。新しいスタジアムをつくる計画があって、球団としては建設地を探しているんです」

耳を疑った。そもそも、なぜそんな機密を会ったばかりの自分に明かすのか……。電話口で沈黙した川村に対し、前沢は新スタジアムの規模や求めている拡張性なども伝えてきた。そして、こう言った。

「我々としては北広島も建設候補地の一つに考えています」

川村は一瞬、身構えた。相手はプロスポーツの世界でしのぎを削るビジネスマンだ。正面から受け取っていいものだろうか……。

だが話していると、前沢から駆け引きの匂いはしなかった。しばらくは課内にも伏せて前沢とのやり取りを続けたが、印象は変わらなかった。前沢は野球で言えば、ストレートしか投げないピッチャーだった。手の内のすべてを明らかにして向かってくる。

しばらくして内々に誘致立候補の意思を伝えたとき、前沢は言った。

「川村さん、北広島という市の名称を変えることはできませんか？」

プロ野球十二球団の中に広島東洋カープという球団がある以上、ファイターズとすれば「広島」の二文字に引っかかりを覚えるのは分かる。だが、この土地の名称は明治初期から続いているものであり、広島県から和田郁次郎らが入植したからこそ存在する。当時の村から町へ、町から市へと発展してきた歴史そのものだった。それを考えれば、たいていの人間は変更など不可能だと察して、そもそも口に出すことさえないはずだった。だが、前沢は可能性については考えず、真っすぐな願望をぶつけてきた。

「さすがに、それはできません」

川村が答えると、前沢は「そうですか。わかりました」と言って次の話題に移った。付き合えば付き合うほど裏を探る必要のない人物だと分かった。そして、そんな前沢と接しているうちに川村も可能性について考えるのはやめようという気になっていった。結末がどうあれ、この街にあるもの、できることをすべて提示しようと覚悟を決めた。

ボールパーク誘致の提案書づくりを始めてから、企画課フロアには定時を過ぎてもあかりが灯るようになった。残業者はひとり、またひとりと増えていった。それだけプロ球団相手のプレゼンテーションは難題であった。そんな中、川村がひとつ決めていたことがあった。資料のページ一枚、一枚にある言葉を刻印することだ。

「Ｔｈｅ Ａｍｂｉｔｉｏｕｓ Ｃｉｔｙ　～大志をいだくまち」

それは、この街のキャッチフレーズだった。北広島市南部にある旧島松駅逓所《えきていしょ》にはウィリアム・スミス・クラークの記念碑が建てられている。一八七〇年代、開拓使の求めで来日し札幌農学校（現北海道大学）の初代教頭を務めた同博士が任期を終えてアメリカへ帰国する際、見送りにきた学生たちに言葉を残したのがその地だった。

Boys, be ambitious.

「青年よ、大志を抱け」と訳されたクラークの言葉は近代化にともなって北海道の代名詞の一つとなったが、同時に北広島の財産であるとも言えた。市長になった上野がこの歴史的事実を活かそうと市のキャッチフレーズに定めたのだった。

大志をいだくまち――壮大な理念はこの街の発展への意欲を示していた。その一方で現実に目を向けると空疎な思いに駆られることもあった。北広島市はクラークの言葉に比べれば、まったくと言っていいほどその存在を知られていなかった。

川村はかつて企画課の仕事で東京に赴いたことがあった。石狩管内の各都市がそれぞれマスコットキャラクターを連れて自治体をPRするというイベントだった。東京・有楽町駅前の特設ステージが用意されていた。森の妖精をイメージした北広島のマスコット「エルフィン」がその舞台に上がった。川村はイベントの合間を利用して、駅前を行き交う人々にアンケート調査をしてみようと思った。

「北広島という街を知っていますか?」

もしかすると、一〇〇人に聞いて一人か二人しか知らないのではないかと覚悟はしていた。だが、結果は悲観的な予想をさらに下まわった。誰も自分たちの街を知らなかった。ゼロという事実に川村は愕然とした。

道外から北海道への旅行者は年間五〇〇万人と言われていた。行き先は大半が札幌で、東京からも多くの観光客が来ているはずだった。新千歳空港から電車で札幌へ向かう途中、北広島駅に停車し、多くの人がその名を耳にしているはずだった。だが、誰の記憶にも残っていない。

いつだったか、市のキャッチフレーズの名付け親である上野が自嘲気味にこう言ったことがあった。

「ここは人々にとって、通りすがりの街なのかもしれないな……」

川村はそれを聞いて切なくなった。だが、事実だった。有楽町の駅前に立った日、大都会の真ん中に佇む川村の胸にアンビシャス・シティというキャッチフレーズが虚しく響いた。

だが、今は違う。ようやく北広島はアンビシャスというフレーズに相応《ふさわ》しい挑戦を手に入れたのだ。もしファイターズがやってくれれば、あの日、東京で誰も知らなかったこの街が全国に知られることになる。川村はその可能性を誰よりも先に感じ取っていた。

ボールパーク誘致に乗り出すことが内定した直後、川村は秘かに旅に出た。最初に向かったのは福岡県の筑後市だった。人口五万に満たない福岡県南部の田園都市を訪れたのには理由があった。この街は数年前、小さな奇跡を起こしていたのだ。

二〇一三年、プロ野球ソフトバンクホークスが二、三軍の球場や練習施設、寮などを完備した複合的なファーム用地を募集した。その際、筑後市も誘致に名乗りを挙げた。福岡市や北九州市、雲仙市や八代市など他県の市町も含め三十四もの候補地の中で下馬評は低かったが、最終的に筑後市は勝者となった。

なぜ、この小さな自治体が選ばれたのか。川村は、その内情を直接ヒアリングしようと考えた。

筑後市役所の担当者は北国からの訪問者を嫌な顔をせず迎えてくれた。その上で、官と民では事業を進めるスピードに差があるが、自治体の規模が小さいことは誘致活動において意思決定のスピード感となり、結果として優位に働いたのだと教えてくれた。川村はそれを聞いて、市長の上野と自分との関係を考えれば、ひとつ活路を見つけたような思いだった。市役所としての意思決定は、川村が同じ庁舎内にある市長室の扉をノックすれば、そこで成立する。市議会にもボールパーク誘致について懐疑的な声こそあったが、極端な反対派は見当たらなかった。小さな自治体ならではのスピード感をもってすれば、計画実現に突き進むファイターズの前沢らと並走することはできるような気がした。

ただ、筑後市の担当者は別れ際にこうも言った。

「うちは二軍、三軍の誘致でした。でも、北広島さんの場合は一軍そのものでしょう？ちょっと次元が違いますよ」

それから川村は広島カープの本拠地マツダスタジアムにも、東北楽天イーグルスの本拠地である宮城球場にも足を運んだ。官が建てた球場を民間が管理運営する。その仕組みを知るためだった。

マツダスタジアムは足掛け十年にわたる議論の末、約一五〇億円をかけて二〇〇九年に完成した。広島市と指定管理者契約を結んだ株式会社広島東洋カープが管理運営し、年間使用料約六億円を自治体に支払っている。残額は広島市や県、地元経済界、寄付金や政府からのまちづくり交付金などで賄われていた。これによってカープ球団は公設公営だった旧広島市民球場の時代よりも顧客サービスを向上させ、かつての倍となる年間二〇〇万人を超える観客動員を実現していた。

一方、宮城球場は二〇〇四年にプロ野球へ参入した楽天が約七〇億円をかけて改修した。新設の設備を全て県に寄付する代わりに、球場の管理許可書が楽天へ交付された。これによって東北楽天ゴールデンイーグルスは年間五〇〇〇万円という安価な使用料でホームスタジアムを管理運営できるようになった。

二つの公設民営スタジアムからは、ファイターズと北広島が計画している事業と重なる部分を見つけることはできた。新たな発見もあった。だが同時に決定的な違いも見えた。ファイターズは自前で五〇〇億円規模のスタジアム建設を想定していた。それを基点に街を築こうとしていた。もし人口六万に満たない小さな街を舞台にそれを実現させることになれば、北広島市はほとんど何もない原野に交通網や宿泊施設などのインフラを整備することになる。他の本拠地球場と比べて、ゼロから生み出さなければならないものがあまりに多かった。プロ野球十二球団の本拠地の中で最も人口の少ない都市は埼玉西武ライオンズの所沢市である。それでも北広島の十倍近い約三四万人が住んでいる。そういう意味でも、川村たちの挑戦は誰もが無謀と考えるレベルのものだった。

旅を終えると、川村は北広島に戻った。胸の中には不思議な感情が芽生えていた。どこか懐かしい感情でもあった。可能性や下馬評が低いほど、自分たちの力が小さければ小さいほど掻き立てられる。ある種の力が漲《みなぎ》っていくのだ。それは幼い頃から川村が持ち続けている性分でもあった。脳裏には十八歳の夏に起こした奇跡の残像がよみがえっていた。川村はまた小さな者たちの一員として巨大な壁に立ち向かうことになった。まるであの夏の続きであるように、四十六歳の公務員にもう一度、打席が巡ってきたのだ。

第六章　リトル東京のジレンマ

1

秋元克広は焦れていた。市長として民意を掬《すく》おうとすればするほど、身動きがとれなくなる。結果、民意が見えなくなっていく。その矛盾に対してであった。ファイターズの新スタジアム建設計画について隣の自治体である北広島市はすでに建設候補地を決定し、ボールパーク誘致の提案書を球団に提出しようとしていた。それなのに札幌市はまだ候補地すら決められていなかった。札幌市長になって一期目の六十歳はあらためて、この大都市における意思決定の難しさを痛感していた。そして、もどかしさを募らせた末、ある行動に出た。

二〇一六年十二月三日、豊平区羊ヶ丘の札幌ドームに四つの組織の代表者が集まった。北海道日本ハムファイターズ、コンサドーレ札幌、第三セクター札幌ドーム、そして札幌市である。ドームを管理する側と使用する側が膝を突き合わせた、この四者会談を呼びかけたのは秋元であった。

すでにファイターズの新スタジアム建設計画が報道で公になっていただけに、会談に対する世間の関心は高かった。新聞社もテレビ局もほとんど全社が駆けつけていた。秋元は多くの視線が注がれる四者会談の場で、札幌ドームの野球専用スタジアム化を提案した。サッカーと野球。これまで日本で唯一、二つのプロ球団のホームスタジアムとして稼働してきた札幌ドームを野球専用にする――それは明確なファイターズに対するドーム残留要請であった。

だが、ファイターズ球団代表の島田利正は秋元の提案に対して明確にノーと意思表示をした。

「これまで一度も正式にそういうお話をいただいたことはないし、我々が望んだこともありません」

札幌市の提案は拒絶され、ドーム残留交渉は決裂した。表向きには札幌市長の思惑が外れた形となった。だが、じつは秋元にとって島田の返答は想定通りのものだった。むしろ提案と拒絶のやり取りを公にすることがこの会談の目的だった。ファイターズはもう札幌ドームには残らない——その現実を道民に、とりわけ札幌市民に知らしめる必要があった。

これでようやくスタートラインに立つことができる……。

それが市長としての本音だった。

秋元が初めてファイターズの新スタジアム構想を知ったのは四者会談から一年ほど遡る二〇一五年暮れのことだった。大通駅前のホテルオークラで行われた民間企業との懇親会の途中で、ファイターズの島田と事業統轄本部長の前沢賢という人物から折り入って相談がある、と打ち明けられた。

その時点ですでに彼らの意思は明確だった。球団として自前の球場を建設しようと考えている。求めているのは現状の改善ではなく、新しい場所に新しいホームスタジアムをつくることだと、彼らは言った。

北海道移転以来の札幌ドームとファイターズとの関係は秋元も知っていた。球団側が内部の改修や使用料の減免を求め、指定管理者契約の締結を望んできた経緯も耳にしていた。ただ、島田と前沢によれば、もうそうした議論の時期は終わり、ドームを改修するよりも、新しいスタジアムを建設することが球団にとって最善であると判断したのだという。秋元は個人としては彼らの本気を理解した。ファイターズはもう札幌ドームについて議論するフェーズにはいなかった。だが、札幌市という自治体の統治者としてはその後も同じ議論を堂々めぐりすることになった。

「なぜ、札幌ドームではだめなのか?」

「条件交渉のために、ドームを出ていくと言っているだけではないか?」

「それなら、使用料の値下げをしてでもドームに引き留めるべきだ」

市庁舎内はもちろん、市議会や地元経済界などからもそんな声が聞こえてきた。「私が間に入るから和解しなさい」と、札幌市と球団との仲介役に名乗りを挙げる経営者がいれば、中にはこう忠告する者もいた。

「前沢という男はタフなネゴシエーターだから気をつけた方がいい――」

それらの声が耳に届く度に秋元は対応しなければならなかった。意見を聞き、議論しなければならなかった。そして、新スタジアム構想が表面化して半年が経っても、多くの人間がいまだ札幌ドームにとらわれていた。ファイターズの計画を夫婦喧嘩の際に飛び交う単なるブラフのようにとらえていた。

札幌ドームは市が五〇〇億円以上を投じて建設した施設である。その経緯を考えれば、ドームに固執するのは無理もないことだった。ある意味で、市民ひとりひとりがドームの権利者だったからだ。だが、いま議論すべきなのはファイターズを札幌ドームに残すことではなく、札幌の街に残すことだった。島田や前沢の言動を見ていれば、計画がブラフでないことは伝わってきた。また、プロジェクトが動き出し、建設候補地探しが始まって分かったのは、彼らが見ているのは札幌だけではないということだった。ドーム残留に拘《こだわ》れば手遅れになる。その危機感を共有するために秋元は四者会談を呼びかけたのだった。

秋元はかつて市役所の職員として、この街に初めてプロ野球球団が誕生した瞬間を目の当たりにした。秘書課長だった二〇〇二年のことだった。日本ではサッカーのワールドカップが開催されていた。忘れもしない六月七日、札幌ドームでは大会の目玉のひとつであるイングランド対アルゼンチンの試合が行われていた。秋元は当時の市長、桂信雄とともにドームにいた。目の前で繰り広げられているのは市を挙げてのビッグイベントだったが、水面下ではもう一つ巨大なプロジェクトが進行していた。大会終了後、札幌ドームへのプロ野球球団誘致を考えていた桂はこの時すでにファイターズから本拠地移転の打診を受けていた。問題はそれより先に西武ライオンズと準フランチャイズ使用の約束を交わしていたことだった。本音を言えば、フランチャイズとなる日本ハムを迎え入れたかったが、そのためには西武のオーナーである堤義明に納得してもらわなければならなかった。その交渉がちょうど大詰めを迎えていたのだ。

イングランドとアルゼンチンの試合が半ばを過ぎたころ、秋元の携帯電話が鳴った。西武本社の秘書からだった。

「堤が市長と会う用意があります」

それは札幌市が待ち望んでいた言葉だった。秋元は事態が前に進むのだと直感した。この街に新たな歴史ができる。自分がその瞬間に立ち会っているのだと思うと昂った。

数日後、桂が堤のもとを訪れた。札幌市が頭を下げ、西武が頷く形でファイターズの北海道移転が決まった。都市化を進める中で札幌にただ一つなかったプロ野球がやってきた。そして札幌ドームがホームスタジアムとなった。初年度は一六〇万人だった観客動員はリーグ優勝、日本一をきっかけに一八〇万人となり、やがて二〇〇万人へ迫るまでになった。外から見れば、札幌市とファイターズは幸せな関係を築いていた。

ただ、移転当初からファイターズという球団は内にさらなる野望を秘めているようだった。限られた人間からしか感じられなかったが、今より遥か先を見ているような雰囲気が確かにあった。移転から五年が経った頃だった。秋元はある会合で球団オーナーの大社啓二に会う機会があった。そこで、こんな話をされたのだ。

「我々にはスポーツコミュニティという球団理念があります。だから、ファイターズにとってのホームスタジアムとは野球を観るためだけの球場ではなく、人が集まり、スポーツを基点に人と人が繋がる場所でなくてはならないと考えています」

その時は想像もできなかったが、新スタジアム計画が浮上した今となっては、あの時の大社の言葉の意味が理解できた。ファイターズはずっと理想を抱えてきたのだ。それゆえ、現実とのギャップに葛藤してきた。大社の言葉を聞いていなければ、秋元自身も他の多くの人々と同じようにファイターズが札幌ドームを去ることなど信じられなかったかもしれない。この札幌市を出て行く可能性など想像しなかったかもしれない。

札幌市は役人がつくった街である。維新後の一八六九年に明治新政府は開拓使判官として島義勇《よしたけ》を派遣した。当時の札幌はわずか二戸七人が住んでいるだけの一面の原野だったが調査の結果、水が湧く強固な地盤があること、平野であることから本府建設地とされた。島は円山の丘の上から原野を見渡し、市街整備図を練ったと言われている。大通公園の北に官公庁街、南に商店と歓楽街が配置された碁盤目状の構造はすでにその当時に描かれていたという。

その後、政府が招いた元アメリカ農務長官のホーレス・ケプロンらの手によって農業や漁業の推進、道路や運河の整備が進んだ。一八七〇年代以降は入植者に住居と未開地を与えて開拓と警備を担わせる屯田兵制度が広く採用され、人口が増加した。第二次大戦後には高度経済成長と札幌オリンピック開催によって一〇〇万人を突破し、昭和末期には一五〇万人を超えて、数字の上では日本五大都市の一つとなった。つまり札幌は政府が切り開き、政府が整備したリトル東京とも呼べる街だった。

一方で、明治以降の百五十年間で急速に発展を遂げた街は本州の各都市に比べて歴史がなかった。本当の都市と言えるのか、という指摘を受けてきた。そんな札幌市が本当の意味で近代都市になったのは一九八〇年代以降、芸術やスポーツなどの文化が根付いてからだった。それによって人々は外的な環境だけではなく、内面の豊かさも享受できるようになった。それこそが真の都市生活だと秋元は考えていた。だからこそ、この地に文化として根付き、今また新たな文化的価値を生み出そうとしているファイターズは何としても札幌に残さなければならない。秋元はそう考えていた。

四者会談を終えると、秋元は待ち構えていた報道陣の前に立った。

「もやもやしている部分はあります」

自らの不安を言葉や態度に表すことで、ファイターズが札幌ドームを出ていくという事実と市外流出に対する危機感が伝われればと考えていた。この現実を市民が共有しない限り、議論を前に進めることができなかった。

2

札幌市役所は中心街を東西に横断する大通に面している。地上十九階建ての庁舎は四十五年前の完成時には市内で最も高いビルであり、大通の北側に広がる官公庁街の象徴的な建物であった。庁舎内の窓からはプラタナスやイタヤカエデの葉が季節ごとに色を変え、年間を通じて多彩な表情になる大通公園を見下ろすことができた。

二〇一七年三月二十七日、札幌市役所まちづくり政策局部長職の村瀬利英は局内でテレビ画面を見つめていた。隣では局長の浦田洋が腕組みをして画面を睨んでいる。地元放送局のニュースが札幌市内にあるホテルからの映像を伝えていた。中継車まで出動させて報じていたのは、八紘《はっこう》学園という学校法人が所有地の一部をボールパーク建設用地として認めるか否かが決まる会合であった。それは札幌市とファイターズとの間に迎えたひとつの重大局面だった。

札幌市は市民の足である地下鉄沿線に新スタジアムの建設候補地を見出そうとしていた。そこで浮上したのが札幌ドームから約二キロの場所にある豊平区月寒地区の道立産業共進会場跡地だった。そこは一九七二年に北海道庁が百年記念事業の一環として建設した天候に左右されない家畜共進会場のあった場所だった。かつては展示会やコンサート、各種見本市など多目的イベントにも使用されたが、時代の変遷とともに畜産関係の使用がほとんど無くなり、二〇一六年度限りで閉鎖されていた。札幌市はこの跡地のうち八ヘクタールを北海道庁から買い取ることになっていた。ただ、それではファイターズ側がスタジアム用地に求めている二十ヘクタールに及ばないため、冬の雪捨て場として八紘学園から借りている五ヘクタールの土地を合わせて計十三ヘクタールの建設候補地とする考えだった。ところが学園側に協力を要請したところ、理事長が難色を示したのだ。

ファイターズはあくまで民間企業である。市に貸した土地を私企業のためのスタジアム建設候補地とするのは公共性ある利用とは言えないのではないか――理事長の主張は正論であった。背景には反対派の理事の存在があるようだった。また今後、さらなる用地の貸与を札幌市に求められることへの警戒感も垣間見えた。

だが、札幌市も引き下がることはできなかった。すでにボールパーク誘致の競合相手である北広島市は候補地を決定し、提案書を出し、実務者間の協議に入っていた。それに対して札幌市はいまだ候補地すら見出せていなかった。切迫した事態への理解を求めたところ、学園側はあらためてこの日、幹部を集めた理事会を開くことになったのだ。テレビが中継していたのはその理事会の行方だった。

理事会は長引いていた。一時間が経ち、二時間が過ぎても結論が出なかった。村瀬は落ち着かない気持ちを抱えながら画面を見つめていた。時間の経過とともに背筋に冷たいものを感じ始めた。

候補地としてはもう一つ、札幌駅の西側に広がる北海道大学構内が挙げられていた。政府は次年度から改正国立大学法人法の施行を決めていた。国立大学の財政基盤を強化するため、第三者への土地貸与を認めるというものだった。その追い風に加えて、スポーツや食文化の研究においてプロスポーツ球団との連携が図れるメリットもあることから浮上した候補地だった。だが、その北大側との協議も思うようには進んでいなかった。

このままでは候補地すら提案できないかもしれない……。村瀬は焦っていた。

ファイターズを札幌に残留させよ――村瀬がこのミッションの担当者となったのは一年前のことだった。まちづくり政策局長の浦田から局長室に呼ばれた。

「さっき、市長室にいってきた」

浦田は言った。常に平静を保っている上司の表情がいつになく硬かった。浦田によれば、市長の秋元からはその場でファイターズが札幌ドームを出ていくこと、新たなスタジアムの建設を計画していることを知らされた。それに伴って、札幌ドームを管轄しているスポーツ局からまちづくり政策局へと球団との交渉窓口を移管することも告げられた。そして最終的に地下鉄沿線に建設候補地を見つけ出し、必ずファイターズを札幌市内に留めるよう命じられたという。

市長から局長への直接指令。その事実が差し迫った事態であることを物語っていた。決して楽観できるミッションではないことが伝わってきた。

ただ不思議と村瀬の胸の内は掻き立てられていた。入庁して二十八年、公務員として巡るべくして巡ってきた仕事であると思えたからだ。

村瀬は北海道の東部に位置する北見市で生まれた。たまねぎの生産量とホタテの水揚げ量で知られたオホーツク総合振興局中核の街で育った。そのためか、幼い頃から環境問題に関心があり、札幌の大学では化学を専攻した。昭和最後となった一九八八年に札幌市役所に入ると、下水道局や環境局で九年、その後、都市計画部局で十九年のキャリアを積んできた。

札幌の街は村瀬の誇りだった。市街を彩る大通公園や中島公園、地下鉄で少し足を伸ばせば円山公園もある。都市機能を備えながら、これほど緑豊かなパブリックスペースを有する大都市はそう多くはない。この環境を支えている一員であるという自負もあった。そして都市環境と同じくらい村瀬にとって欠かせないものが野球であった。

村瀬は平日の午後五時十五分になると、局のフロアを出た。五階から一階まで階段を駆け降りると、天井の高い市庁舎ロビーを抜け、すぐ目の前にある地下鉄大通駅の改札へと走った。地下鉄東豊線に乗り込み、終点の福住駅で降りる。そこから歩くこと十分。札幌ドームが村瀬を待っている。内野自由席のなるべく前の方に腰を下ろし、売り子からビールを買う。ほどなくしてプレーボールがかかる。初回の攻防を見届けた後、ゆっくりとつまみを調達にいく。これが平日の夜の過ごし方だった。

村瀬は日本ハムが移転してくる以前からのファイターズ党だった。巨人ファンの多い北海道では珍しかった。きっかけは小学生の頃、ある投手に心を惹かれたことだった。高橋一三。読売ジャイアンツ九連覇時代の主力投手であり、その後、日本ハムへ移籍したサウスポーだった。怒り肩から投じる高橋の決め球ナックルシュートには落差があり、他チームの強打者たちのバットが次々と空を切った。漫画「巨人の星」の主人公・星飛雄馬のモデルにもなったという美しい投球フォームは村瀬少年の心をとらえ、一九八一年のリーグ制覇とともに永遠の記憶として刻まれた。だから二〇〇三年の秋にファイターズが本拠地を東京から札幌に移すと聞いたときは夢ではないかと思った。

それからファンクラブに入会して、時間が許す限り札幌ドームへ足を運ぶようになった。とりわけ印象的なのは二〇一一年、斎藤佑樹のプロデビュー戦を観戦したことだった。早稲田実業高校時代、夏の甲子園を制覇した全国的なスター選手の第一歩を自分の暮らす街にいながら見ることができる。プロ野球チームが街に存在するということは豊かな都市生活の象徴なのだと実感した。市長からのファイターズ札幌残留指令を受けた時、武者震いするような感覚になったのはそのためだった。

村瀬がファイターズのボールパーク構想担当者と初めて会ったのは指令を受けてから数日後のことだった。黒縁眼鏡の奥に鋭い眼を光らせた前沢賢と、柔和な微笑みを浮かべた三谷仁志。対照的な空気をまとった二人は灰色の十九階建て庁舎にやってくると、前置きもそこそこに新スタジアムのイメージを伝えてきた。日本で初めての開閉屋根付き天然芝球場を実現させるのだと彼らは言った。さらにスタジアムの周辺には野球観戦をしない人も集まれるボールパーク空間を描いていた。彼らの言葉は具体的で揺るぎなかった。中でも特徴的なのはその拡張性だった。スタジアムは開場時にはまだ完成形ではなく、そこからボールパーク自体が街へと成長していくのだという。これまで何年もかけて、頭の中で練り上げてきた構想であることをうかがわせた。

だが、どれだけ彼らの話を聞いても、なぜか村瀬には新しいボールパークの輪郭を描くことができなかった。どうしても現存する球場、つまり札幌ドームの像に重なって、あやふやな線になってしまうのだ。

北海道で暮らす人々にとってプロ野球のイメージはこの十年で完全に固定化された。札幌ドームとファイターズはイコールで結ばれ、生活の中に自然とあるものになっていた。そして札幌ドームという建造物はこれからもこの街に在り続ける。その事実が、新スタジアムに対する想像力を制限していた。

ようやく村瀬が彼らの言うボールパークをイメージできるようになったのは初めて会ってから数カ月後のことだった。何度か協議を重ねるうちに、球場を基点に街をつくるという言葉の意味とそのスケールが分かってきた。彼らは、これまでの球場という概念から外れたスタジアムをつくろうとしていた。札幌ドームとはまったく別のものだった。それに気づいたとき、村瀬の胸に不安が生まれた。

はたしてこの札幌に、彼らの夢に見合う器があるだろうか？


——八紘学園の理事会は四時間近く続いた末にようやく終わった。

「まだ札幌市にお伝えしていない段階で、結論を申し上げることはできません」

理事長は集まった報道陣に対してそう語るに留めたが、翌日、学園側の結論を持って札幌市庁舎にやってきた。市に貸与している五ヘクタールの土地を新スタジアム建設候補地とすることを了承したと、副市長に伝えた。

村瀬はひとつ胸をなで下ろした。これで少なくとも土俵には上がれる……。だが不安は消えなかった。なぜなら理事長が市庁舎からの帰り際、記者団に囲まれると、こう言い残したからだ。

「野球の騒音が続けば、農業専門学校で飼っている牛にストレスがかかるかもしれない」

言葉の裏に本音が見えた。表向きにはファイターズの土地使用を許可したものの、一部の理事の間ではいまだに疑念や反対論が燻《くすぶ》っていることをうかがわせた。北海道大学構内に関しても、研究とエンターテイメント事業との距離が保てるのかと懸念する声がOBから挙がっていた。

二つの土地はいずれもファイターズが新スタジアム建設の条件として求める二十ヘクタールの広さに満たなかったが、問題はそうした物理的なものより、むしろ内面的なものである気がした。約二〇〇万人が暮らす札幌市、とりわけ市民の足である地下鉄沿線には多くの人間が住んでいて、どの土地にもどの建物にも権利者がいた。北海道開拓の中心地として重ねてきた歴史の中で個人と組織の人間関係、利害関係が複雑に入り組んでいた。幾重にも絡み合った樹根のようなしがらみが進みかけた議論を振り出しに戻そうとする。八紘学園内や北大OBの間に渦巻く反対論はその象徴であった。

かつて村瀬は工業用地の再整備や統廃合された学校の跡地利用を手がけたことがあったが、いずれも具体的な議論になった途端、計画が進まなくなった。

何のためにやるのか？　誰が整備し、誰が運営するのか？

役所内部からも事業者からも、市議会からもそれぞれ異なる声が挙がる。個人と団体、官と民、多過ぎるステークホルダーの理念や思惑が計画を膠着《こうちゃく》させていくのだ。

それに加えて、ボールパーク問題の根底には、ファイターズを札幌ドームに引き留めるべきだという考えが依然として横たわっていた。秋元が呼びかけた四者会談で、球団と札幌ドームとの訣別が明示された後も相変わらず同じ議論が繰り返されていた。

なぜ札幌に二つのスタジアムが必要なのか？

どうしてもその疑問が消えないのだ。前沢や三谷の思い描くボールパークがどんなものか、まだ大多数の人が想像できていなかった。

新しいボールパークを望む者、望まない者、大都市に総意は存在しなかった。まだら模様の結論があるだけだった。それでも候補地を見出し、具体的な協議に入っていくしかなかった。それが村瀬の仕事だった。

二〇一七年四月十三日、札幌市長の秋元はファイターズの球団事務所を訪れた。旧共進会場跡地の十三ヘクタールと北海道大学構内の十ヘクタール、この二カ所を建設候補地としてボールパーク誘致に関する提案書を出した。北広島市に遅れること四カ月、浦田と村瀬が指令を受けた日から、一年が経っていた。

3

札幌の秋が深まった二〇一七年十一月のある日、ファイターズ事業統轄本部の三谷は豊平区羊ヶ丘の球団事務所から大型バンに乗り込んだ。社用車には新スタジアムの設計を手掛けるアメリカの大手設計事務所ＨＫＳのスタッフも同乗していた。三谷は途中、札幌駅で自転車数台をレンタルして積み込むとハンドルを南へ向けた。この日は札幌市まちづくり政策局の村瀬とともに新たなボールパーク用地を視察することになっていた。ハンドルを握る手に微かな徒労感があった。春に目処が立ったはずの建設候補地探しは振り出しに戻っていた――。

ファイターズと札幌市はこの年の四月から豊平区の旧共進会場跡地と北海道大学構内の二カ所を前提に実務者協議を始めた。だが、すぐに行き詰まった。敷地面積が足りないことは当初から懸念されていたが、それより問題だったのは、本当の意味で地権者の不安が解消されていないことだった。議論を深めようとすると反対意見が飛び込んできた。それは新聞やテレビなどのメディアを通して、あるいは議員や市民の声として様々な形で表明され、その都度、実務者たちの足を止めた。とてもボールパーク構想を具体化していける状況ではなかった。八紘学園からも、北大からも、結局は反対論が消えなかった。

一体、いつになったら札幌市は自治体として意思統一できるのか……。内心、そう苛立ったこともあった。だが、それを浦田や村瀬に求めるのは酷だった。市長の秋元でさえ、出せない答えだった。

協議を重ねるうちに分かったことがあった。札幌市という自治体はまるで軟体動物のようだった。どこにこの都市の意思があるのか、どこに意思決定者がいるのか、つかもうとしてもつかめない。手応えがないまま時間だけが過ぎていく。

一方で秋元をはじめ、浦田や村瀬の個人的な意思は明確に伝わってきた。札幌でのボールパーク建設という同じゴールを描いていることが分かった。だから三谷も諦めなかった。候補地が白紙に戻っても協議を続け、どこかに可能性のある場所はないかと探し続けてきた。そしてこの日、最後となるであろう場所に向かっていた。

車は市街中心部から豊平川沿いを上流に向かっていた。二十分ほど走ると、ハンドルを握った三谷の視線の先に広大な森のような場所が見えてきた。新たに札幌市の建設候補地として浮上した真駒内公園だった。

札幌市南区の中心街である真駒内《まこまない》は先住民アイヌの言語で「背後にある川」を意味する「マク・オマ・ナイ」が地名の由来とされている。明治初めの開拓期には畜産と農業の中心地となり、第二次世界大戦後はアメリカ進駐軍が建設したキャンプ・クロフォードによって軍の街となった。ただ、何といっても道内外にその名を知られるようになったのは一九七二年の札幌オリンピックだった。アジアで初めて開催された冬季五輪、真駒内はそのメイン会場に選ばれた。七〇年代に入ると選手村の建設とともに宅地開発が進んだ。かつて米軍用ゴルフ場の広がっていた土地にはオリンピック競技場と真駒内公園が整備された。

そして迎えた五輪本番、開会式では五万人近い観衆が真駒内屋外競技場で聖火の点火を見守った。公園内のアイスアリーナでは「札幌の恋人」と呼ばれたアメリカの妖精ジャネット・リンが舞った。それらの光景は一九六四年の東京オリンピックに続く戦後復興の象徴として人々の記憶に刻まれた。その後、札幌が政令指定都市となり、さらには国際都市となっていく上で真駒内は大きな役割を担った。そして、あれから半世紀近くが経った今も、当時の施設や面影を残したオリンピックの街であった。

三谷は公園の駐車場に車を停めると積んできたレンタサイクルにまたがった。村瀬や同行していたHKSのスタッフとともに園内をめぐり始めた。公園は針葉樹と広葉樹など合わせて一万三〇〇〇本もの樹木に囲まれており、市中心部から地下鉄南北線で約二十分とは思えないほど静かな環境だった。近隣住民らしき人たちがウォーキングやジョギングをしていたが、そのほとんどが中年から高齢者のように見えた。

村瀬によれば、真駒内公園を建設地とする上での問題点は二つだという。一つは地下鉄真駒内駅から公園まで約二キロのアクセス。公園周辺にはオリンピック当時に整備された五輪通と呼ばれる道道八二号線が走っているが、当時から拡張されておらず、スタジアムができれば渋滞は避けられない。仮に新駅を建設するとなれば、十年計画でもできるかどうかだという。シャトルバスで繋ぐのが現実的だが、プロ野球開催時の輸送を考えると一日最大二〇〇本近くを走らせる必要があった。

そしてもう一つは環境保護団体や近隣住民の反対だった。一九七二年のオリンピック以降、この街の代名詞は豊かな自然環境となった。五輪のために整備された公園がそのシンボルとなり、いつしか高級住宅街と呼ばれるようになっていた。五輪当時に入居した人々は壮年となり、老年となり、静かな暮らしを望むようになっている。それだけに一定数の反対論は覚悟しなければならないという。

じつはボールパーク構想の議論を始めた当初、最初に候補地として挙がったのが真駒内公園だった。当時は交通問題と住民感情という明確な二つの課題がある以上、別の候補地を見出すべきではないかという結論になり保留されていたが、他の選択肢が消えた今となってはもう真駒内にしか可能性は残されていなかった。住民の理解を得て、交通問題を解消する道を探していくしかなかった。

公園内の道は一周五キロほどだった。ナナカマドの葉が赤く、カツラの葉が黄色く色づいて穏やかな秋を演出していた。よく晴れた空の下、何種類もの鳥の声が合唱のように聞こえてきた。サイクリングロードを半分ほど行った頃だった。三谷たちの自転車の後方で何やら足音がした。振り返ってみると、初老の男性が息を切らしながら追いかけてきていた。ただならぬ気配に立ち止まると、男性はＨＫＳのアメリカ人スタッフのところまでやってきた。そして荒い息を吐きながら言った。

「ボールパーク？　ボールパーク？」

血相が変わっていた。あまりのことに三谷やスタッフが呆然としていると、男性は辺りに響き渡るような声で言った。

「ノー！　ボールパーク、ノー！」

環境保護団体の一員なのか、近隣住民なのかは分からなかったが、村瀬が懸念していた反対派の声を三谷は直《じか》に聞いた。おそらく現在、真駒内を欧米人が訪れることはほとんどないのかもしれない。かつて冬季オリンピックによって世界中の人々が訪れた街も、今は静かな暮らしを送る住民たちだけの空間なのかもしれない。そして欧米人の姿を見てすぐにボールパーク建設と結びつけるあたりは、反対派が新スタジアム建設計画に対していかに過敏になっているかを物語っていた。

男性が去っていった後、村瀬が少し申し訳なさそうな顔になって言った。

――反対派が存在するのは確かですが、それが全てではありません。

三谷はその通りだろうと思った。事実、初老の男性と三谷らのやりとりを見ていた他の人々は黙って素通りしていった。多様化した都市のライフスタイルはそれぞれの価値観を生んでいた。札幌のどこを切り取っても賛否はまだら模様だった。建設地としての理想を求め続ければ、おそらくそれは永遠に見つからず、いつまでも札幌市という軟体動物の体内で彷徨《さまよ》うことになる。そしていずれはボールパーク構想そのものが時間切れとなって消滅に追い込まれるだろう。

それを思うと、三谷はあらためて前沢の交渉者としての強《したた》かさに拍手を送りたい気分だった。実務者協議がスタートする前、前沢はまず建設候補地決定の期限を決めたのだ。

二〇一八年三月末日――北広島市にも札幌市にも、まずそのリミットを告げた。二〇二三年春のスタジアム開場から逆算して置かれたマイルストーンであった。結果的にこれがあらゆる組織、あらゆる立場の人間を否応なく前に進めることになった。賛否に関わらず、その日はやって来て、決断は成されるのだ。

「夢には日付を書かなければならない」

前沢はそう言った。二〇二三年春の開場――そのための約三年間の工期――そのための二〇一八年三月の建設地決定――いざ実現へ向けて走り出してみれば、未来に置かれたそれらのマイルストーンだけが確かなものだった。

前沢は一体、どこまで見通しているのか……。

三谷は接する人間を右脳派と左脳派に分ける習慣があった。そうすることで、相手の長所に目を向けることができるからだ。だが、前沢だけはどちらにも分類できなかった。一見すると右脳派に映る。多くの人は彼の鋭角な視点と熱量に惹きつけられ、ときに軋轢を生じる。だが、長く付き合っていると、そうしたエモーショナルな部分は接する相手によってコントロールされていることが分かってくる。相手の本音を引き出すためにあえて衝突している部分もあった。そう考えると左脳派にも思えるのだ。札幌市という巨大な自治体のつかみどころのなさを見抜き、まず建設地決定のリミットを設けた点はその最たる例だったかもしれない。

初老の男性との一件の後、三谷たちはしばらく真駒内公園と周辺の森を見てまわった。ボールパーク関連施設をどこに建設し、どこまで拡張できるのか。自然環境との共存は可能か。規制はどこまで解除できるのか。環境行政や都市計画行政に長年携わってきた村瀬はそうした一つ一つの問いに、あくまで知識として答えを返してくれた。

秋の陽が空のてっぺんに上り、やがて沈み始めても真駒内公園の静けさは変わらなかった。その静寂の中で、外壁のところどころに錆が浮き、塗装が剝がれたオリンピック競技場が四十年前の面影をたたえたまま残されていた。

この場所を札幌での最終候補地として協議していく——三谷と村瀬は最終的にそのことを確認して別れた。

この人たちと本当の乾杯ができる日は来るだろうか……。

4

前沢はグラスを前に考えていた。テーブルにはビール瓶が置かれていて、それをを挟んだ向かいには札幌市役所まちづくり政策局の浦田と村瀬がいた。二〇一八年が明けたばかりの一月九日、前沢は交渉相手である二人を新年会に誘った。新スタジアムについてあらゆることが決定される一年、その年頭に彼らと膝を突き合わせておきたかった。場所は島田に教えられた店だった。

日中には札幌市役所で実務者協議を行った。その場で、三月末の建設地決定までに真駒内地区で説明会を開くことが決まった。真駒内公園を最終候補地とするためのステップだった。ボールパークの理念やイメージを知ってもらうことで住民の不安を払拭する必要があった。そして事実上、それが建設地決定前の札幌市との最後の仕事だった。

前沢は二年間にわたって協議を続けてきた浦田と村瀬に向かってグラスを掲げた。それはまだ儀礼的なものだったが、すべてが終わった後、できることなら彼らと本当の乾杯がしたかった。

まだ球団内でボールパーク計画が動き始めたばかりの頃、球団社長の竹田憲宗からこう言われたことがあった。

「新スタジアム、札幌につくるんだよな？」

念を押すような口調だった。

「そう考えています」

前沢は迷うことなく答えた。北海道をフランチャイズとする以上、あらゆる面でホームスタジアムは札幌にあるのがベストだったからだ。返答を受けて、竹田は納得した様子だった。

だが、今となって思うのは、あのとき竹田の問いに返した言葉は、札幌市の事情に合わせた球場をつくるという意味ではなく、思い描いたボールパークが実現できる場所をこの二〇〇万都市の中に探してみせるという意味だった。そして、それはいまだ見出せていなかった。

一時、候補地として浮上した月寒地区の旧共進会場跡地にも、北海道大学構内にも、前沢は可能性を感じていた。全く新しいスタジアムとその先に広がるファイターズタウンを思い描くことができた。だが、どちらの場所にも、どうしても首を縦に振らない人たちが存在した。それを後押しする団体があった。

一方、その裏では市長として一期目の秋元と交渉担当窓口になったばかりの浦田と村瀬が、組織と個人のしがらみの中で戦っていた。地権者の不安を解消し、理解を得るために浦田や村瀬が人知れず北大や八紘学園へ足を運んでいたことを前沢は知っていた。そういう意味で彼らは同志だった。だからこそ、この人たちと乾杯したい、そう思った。前沢は現実と情の狭間で揺れていた。

酒席が進む中、前沢は隣にいる三谷を見た。相棒はいつものように微笑みを浮かべながら相手と一定の距離を保ち続けていた。感情に流されそうな時、三谷の顔を見ると冷静になることができた。何よりも優先すべきは個人の情ではなく、ボールパークの理念と具体的構想の実現なのだと思い出させてくれた。

対外的な交渉を始めるにあたって、前沢と三谷はひとつのルールを決めた。相手方と交わす一言一言を記録することである。大事業を進めていく上では、後になってそれが資料としても証拠としても大きな意味を持つと考えたからだ。実務者協議はもちろんのこと、雑談レベルの会話でも記録した。そんな時、三谷の記憶力は驚異的だった。たとえ酒席の会話であっても翌日にはレポート用紙三、四枚のメモに起こされていた。感情を込めることなく淡々と文字が連ねてあった。それは三谷がいつ、誰と会っているときでも本来の目的を見失っていないことの証であるように見えた。その姿が迷いそうになるたび、前沢を原点に引き戻してくれた。

幾つか杯が重なったところで、浦田と村瀬はファイターズに対する個人的な思いを覗かせた。浦田は一九六〇年代の生まれだった。二十一世紀に入るまで、札幌市民にとってのプロ野球観戦は年に一度、円山球場での巨人戦がほとんど唯一の機会だったという。チケットは奪い合いとなり、限られた人にしか観戦のチャンスはなかった。それがファイターズの本拠地移転によって日常の娯楽となった。この十年間でファイターズは市にとっての文化的公共財になった。それが札幌市民としての自分たちの感情だと言った。

「誘致で競合している北広島市さんに比べれば、スピード感と柔軟性に欠ける対応になっているかもしれません……。そこはお詫びします」

最後に浦田と村瀬はそう言って頭を下げた。

「ただ、まちづくり政策局にとってファイターズの札幌残留は最大のミッションだと考えています――」

前沢は二人の言葉を受け止めた。受け止めることしかできなかった。

建設候補地決定まで三カ月。札幌市には期限が迫っていた。そして、前沢とファイターズにとっても決断の時が近づいていた。

第七章
創造と、想像と

1

前沢賢は札幌市役所まちづくり政策局の浦田洋らとの新年会を終えると、ビルの外に出た。一月の冷気の中を少し歩いてみようと思った。まだ夜は浅く、街は宴の始まりのような溌剌とした活気に満ちていた。腹にデジタル時計をデザインされたテレビ塔が鮮やかな光を放ち、道ゆく人々を見下ろしていた。

大通の交差点にはオフィスビルのある北側から歓楽街が広がる南へと向かう人たちの列があった。前沢はぼんやりと考え事をしながら信号待ちの最前列に立った。自分の歩調に従っているといつも自然と列の先頭に立っていた。目と鼻の先を車が通り過ぎていく。その瞬間、ふと我に返った。後ろに誰かの気配を感じたのだ。だが振り返っても、背後には見知らぬ人たちの列があるだけだった。前沢は背筋に冷たいものを感じて、思わず列の中ほどへと後退りした。他人に背中を見せることを怖れるようになったのは最近のことだった。

数週間前、宛名も差出人もない封筒が郵便受けに届いた。不審に思って家族のいないところで封を開いた。中には数枚の便箋が入っていた。取り出してみると、紙片のすべてに隙間なく同じ文言が並んでいた。

『死ね死ね死ね死ね死ね死ね死ね死ね……』

手紙は紛れもなく自分に宛てられたものだった。その呪詛のような文言に込められているものが何なのかも分かった。前沢には自分が、札幌に住んでいる一部の人々にとって呪うべき存在になっているという自覚があった。

　ボールパーク建設計画が世に出て以降、メディアは連日、札幌市と北広島市の誘致合戦を報じるようになった。北広島市はほとんど手をつけていない三十二ヘクタールの建設候補地を用意し、向こう十年間の固定資産税減免にも応じる姿勢を示した。それに対して札幌市は地権者や住民、議会などとの意見調整がつかず、候補地の選定もままならない状況だった。メディアの論調は「札幌苦戦」に傾き、市民の不安を煽った。札幌ドームでの野球観戦をライフスタイルとしてきた札幌市民の不安はやがて怒りに変わった。

　なぜ、わざわざホームスタジアムを出ていくのか。

　なぜ、本拠地の札幌を天秤にかけるようなことをするのか。

　その怒りの矛先はホームスタジアム移転を推進する存在として日々紙面に名前が載るファイターズ事業統轄本部の前沢や三谷に向けられた。

　球団事務所には苦情の電話やメールが来るようになった。名指しのものもあった。自分の生活圏からファイターズを奪われることを怖れる人たち、今あるものを守ろうとする人たちの怒りだった。そして一部の先鋭化した怨嗟がついに前沢の自宅にまで届くようになったのだ。

　この街の人々にとって、自分はどんな男に見えているだろうか……。前沢は想像してみた。自分たちはファイターズという球団で働いてはいるが、ユニホームを着て日々グラウンドに立っているわけではない。テレビ画面に映り、顔も声もキャラクターも多くの人に知られた新庄剛志や稲葉篤紀とは違う。前沢はファンの人々にとって顔の見えない背広組だった。金のために、恩義ある札幌に背を向けようとしている冷徹なビジネスマンと捉えられていてもおかしくはなかった。

球団に届く市民の怒りの声も、「死ね」というメッセージも、裏を返せばファイターズへの愛着であった。ただ、そうとは分かっていても、手紙を目にした前沢の背筋には冷たいものが残った。まだプロジェクトチームを発足させたばかりの頃、ある人物にこう言われたことがあったからだ。

「これから覚悟しておいた方がいいよ。これだけ大きな規模の開発事業になると、一人か二人は死ぬ。それが、どこの誰になるかは分からないけど……開発ってそういうものだから」

札幌ドームは十七年前に五〇〇億円以上もの費用をかけて建設された。市役所や経済界、議会などに、いまだ多くの利害関係者がいるだろう。前沢に対して、あいつさえいなければと恨みを抱いている人間はごまんといるはずだった。交差点で信号待ちをする時に、駅のホームで電車を待つ時に、自分の背中に気配を感じて後退りするようになったのはそれからだった。

ただ一方で、前沢は批難を受ける中、ひとつ腹に決めたことがあった。立ち止まらないことだ。どれだけ抗議を受けても、ボールパークの実現に向けて協議を続け、要求を続け、建設地を探し続けること。それが前沢の覚悟だった。

二〇一五年にファイターズに戻ってきた時、前沢が最初にやったことがある。それは粘土の球場をつくることだった。小学校の図工で使うような油粘土を買ってきた。そうした趣味を持っていたわけではないが、前沢にとってはやっておかなければならないことだった。どんな形にも変化する粘土で、まずスタジアムの輪郭をつくってみた。シンボルとなる開閉式の屋根やフィールドを一望できる広々としたコンコース、グラウンドと近く臨場感のあるスタンド……。頭の中に描いていたことを形にしてみた。

それができると次に紙粘土を買ってきた。油粘土とは違って成形すると数時間で固まってしまう。それでも迷いなく細部まで造形することができた。書斎の机の上に小さな粘土のスタジアムが完成したとき、前沢はこの事業を成し遂げられると確信した。

根底には高校時代の苦い記憶があった。あの頃の前沢はチームが甲子園のグラウンドに立つ姿も、自分が聖地のマウンドに上がる姿も想像できていなかった。言葉では「甲子園に行くんだ」と口にしていたが、具体的にイメージすることはできていなかった。だが今は違う。ボールパークの細部に至るまで鮮明に思い描くことができた。

創造できるものは想像できる――それがあの失意の夏に教えられたことだった。

だから、どれだけ恨まれても、新スタジアム計画に対しての歩みを止めないと決めていた。ファイターズがつくろうとしているボールパークがどんなものか、想像できていない人々に、誰も見たことのないようなスタジアム空間を見せる――それが自分の仕事だと疑わなかった。

　相棒の三谷はこの数カ月、ほとんど北海道にいなかった。プロジェクトチームのスタッフとともに東京へ足を運び、本社の役員向けの説明会を開いていた。地道で遠回りな作業のように思えたが、本社の了承を取り付けるにはまずベースボール事業の仕組みと、それが企業にもたらす意義を知ってもらう必要があった。それと並行して、ボールパーク建設への出資企業を募って交渉にもまわっていた。ただでさえ細身のシルエットがこのところはさらに細くなったような気がした。そんな三谷がふと寂しそうに打ち明けたことがあった。

　ある朝、いつものように豊平区の自宅からゴミ出しに近くの収集場へ行くと、見知らぬ人から罵倒されたのだという。

「俺の愉しみを奪いやがって！」

　そんなことがあったのだと、三谷はやるせなさそうに言った。前沢はそんな三谷の姿を見ると、逆に覚悟が固まっていった。プロジェクト自体に逆風が吹いているのは確かだったが、前沢はかつてのように独りではなかった。同じイメージを抱き、同じように悩んでいる者がいた。

　大通の信号が変わった。交差点を埋めていた人々の列が動き出す。前沢は人波の後方で歩き出した。不安はあった。怖れもあった。ただ、それらを抱えて歩き続けるしかない。新しい世界をつくるとはそういうことなのだ。前沢は交差点を渡ると、いつもと変わらぬ早足で夜の街を進んだ。前をゆく人たちの背中に追いつき、追い越していった。

2

「またMMコンビが来るらしいぞ――」

同僚から耳打ちがあった。日本ハム代表取締役専務の川村浩二はそれを聞いて思わず苦笑いを内心に浮かべた。二〇一八年が明けてまもなくのことだった。二つのMは前沢賢と三谷仁志の頭文字であった。

二年前にファイターズの新スタジアム建設計画が新聞で報道されて以降、二人は頻繁に東京を訪れるようになっていた。最初は新聞報道が先行したことに対する本社側への謝罪だったが、その後も取締役会のたび、またはその合間を縫ってボールパーク構想がどんなものかを説明しに来ていた。

当初、前沢と三谷に対する風当たりは強かった。突拍子もない計画を持ってきた得体の知れない者たちに対する警戒心が取締役たちの間には渦巻いていた。これまで本社と球団が一定の距離を置いてきたことも影響しているようだった。だが彼らが訪れるごとに空気は変わっていった。

要因のひとつは世の中の流れだった。折しも二〇二〇年の東京オリンピック開催に向けて、文部科学省には新たにスポーツ庁が設置された。安倍晋三政権はスポーツ事業を成長戦略の一つに掲げ、スタジアムを基点にした地方創生を支援すると表明した。これによって、これまでスポーツやエンターテイメント分野に関わってこなかった本社の取締役たちもベースボール事業がどんなものか、関心を抱くようになっていった。

そしてもうひとつは彼らのキャラクターだった。年齢や役職に臆することなくストレートな物言いをする前沢と、穏やかな物腰の三谷は次第に幹部たちに受け入れられていった。本社にはあまりいないタイプの人間だったからかもしれない。彼らの名前はじわじわと社内に浸透し、やがて「ＭＭコンビ」と通称で呼ばれるようになった。

時間とともに取締役たちの心が氷解していく中、川村は自らがボールパーク建設反対派であることを自認していた。

「私は反対ですから――」

前沢と三谷にそう言ったときの心境は鮮明に覚えていた。その裏にはこの会社をリスクから守るために自分が防波堤にならなければ、という思いもあった。

だが一方で、川村は少しずつだが彼らの描く夢に引き寄せられている自分に気づいていた。その証拠にあれほどボールパーク計画に抵抗感のあった自分が、今は「ＭＭコンビ」と耳にしても、かつてのように身構えなくなっていたのだ。

前沢と三谷は札幌と東京を何度も往復して、かつてない規模のスポーツビジネスを語った。彼らが成そうとしている事業に熱があるのは確かだった。牛肉偽装事件以降、コンプライアンス遵守とリスク管理という鎖を自らに嵌めたこの企業の人間たちの胸を揺さぶるものだった。ただ、川村の心を動かしたのはどちらかといえば熱というより、それと同居している理であった。とりわけ財務のスペシャリストである三谷が設計したファイナンス・スキームには冷静さと説得力があった。

ボールパーク建設は官民による共同開発事業だった。球団側がスタジアム建設費を、自治体側が周辺施設や道路などのインフラ整備費を負担することを前提にしていた。広島のマツダスタジアムなど国内他球場のように官が建てて民が使う、公設民営の構図とは異なっていた。自前のスタジアムを持つ代償として球団側の負担も重くなる。総額六〇〇億円と試算される建設費をどう調達するか。本社から見ればそこにリスクが潜んでいた。

ただ、三谷はそれを払拭した。新株を発行するのか、金融機関から借り入れるのか、エクイティ・ファイナンスとデット・ファイナンス、二通りの資金調達について、それぞれプランを提示した。さらに国土交通省の外郭団体や大手広告代理店などから出資を取り付けてきた。それらの企業と共同出資会社をつくることで、本社の負担を抑える見通しを立てた。

「財務的根拠を示していない」

「投資対効果はいくらなのか」

初めて顔を合わせた日、川村が指摘した課題に対する答えを示したのだ。

二〇一八年を迎える頃には、川村の中で断固反対の意思は薄れていた。彼らの情熱と理論のバランスがそうさせた。自分でも不思議だったが、川村は次第にＭＭコンビという響きをポジティブに感じるようになっていった。

そしてもう一つ、川村の心を決定的に揺さぶったものがあった。それは冬の札幌で見たある光景だった。

川村が初めて新スタジアム建設計画を知った二〇一六年のシーズン、ファイターズは日本プロ野球の頂点に立った。一時はソフトバンクホークスに十一・五ゲームもの差をつけられながら、最終盤で逆転優勝を果たした。プロ野球界に初めて登場した投打二刀流のヒーロー大谷翔平を中心に、広島東洋カープとの日本シリーズも制した。大谷による前例のない挑戦と劇的な逆転勝利のドラマに北海道の人々は熱狂した。そして日本一の余韻が冷めやらぬ十一月二十日、札幌市街で優勝パレードが行われた。二〇一五年から球団の取締役を務めていた川村はこれに参加するため訪札したのだった。

本格的な冬の到来を感じさせる寒い日だった。それでもスタート地点となった札幌駅前の北三条広場は人で埋めつくされていた。アスファルトが見えなかった。その景色が大通公園を越えて、すすきの方面まで続いていた。川村は言葉を失った。かつて、ここまで大勢の人が同時に喜んでいる光景を見たことがなかった。

やがて監督の栗山英樹が乗り込んだオープンカーを先頭にパレードが動き出した。選手たちを乗せた高さ三・八メートルのバスが通ると、群衆は彼らに手を振り叫んだ。後列のバスに乗っていた川村は人々の表情と声のボリュームに圧倒された。見渡すと、オフィスビルの窓からもデパートの屋上からも顔を出している人たちがいた。価値観が多様化した現代社会において、大通を埋め尽くすほどの数の人が同じ瞬間に同じ喜びを共有していた。

まだ入社したばかりの頃、東京ドームで見たガラガラのスタンドが川村の脳裏をよぎった。おそらく、あのまま東京にいれば、この光景は見られなかっただろう。これはファイターズが〝未開の地〟へ踏み出したからこそ手に入れたものなのだ。一つの企業がどれほど大きな事業に成功したとしても、これだけの数の人を喜ばせることはできないだろう。川村はパレードを眺めながら考えた。人生観を揺さぶられるような経験だった。札幌市街を包んだ熱狂と陶酔の中で、スポーツが、プロ野球が内包する価値を見つめ直すことになった。

二〇一八年が明けてしばらくすると、日本ハム本社の取締役たちの間ではこんな情報が共有されるようになった。

「三月末の取締役会でスタジアムの建設地を決めることになるらしい――」

事実上、それはボールパークを建設するか否かの決議だった。その場で自分はどうするか。どう振る舞うことがこの企業の未来のためになるのか。川村は札幌から遠く離れた東京で考え始めた。

第八章　ラストイニング

1

二〇一八年二月三日、北広島市はボールパーク誘致にとって重要な一日を迎えていた。企画財政部企画課の杉原史惟は土曜日であるにもかかわらず、朝から庁用車で北広島駅へ向かっていた。この日、駅前の芸術文化ホールで新スタジアム建設計画に関するシンポジウムが開催されることになっていた。ファイターズから前沢賢と三谷仁志がやってきて北広島市民の前でボールパーク構想を語る。誘致が始まって以来、球団側と市民が直接顔を合わせるのは初めてのことだった。

シンポジウム開催までには市役所内でも逡巡があった。市民の不安を解消し、自治体側の熱意をファイターズへ伝える効果が期待できる反面、もし会場で反対論が噴出すれば、誘致活動そのものが振り出しに戻ってしまうリスクもあったからだ。それでも建設地決定を間近に控え、最後の一手として踏み切った。杉原たち職員にとっては二〇一六年から約二年間に及ぶ誘致活動の最終イニングとも言える局面だった。

駅前に着くと、がらんとした道の脇や建物の陰に湿った雪が堆積していた。大気中の塵を含んで色褪せた雪は地表で人や車に踏まれ、泥にまみれていた。白と黒が入り混じった塊は弱い陽射しに溶けきれず街の背景になり、曇天の下の景色をさらにどんよりとさせていた。冬の北海道は決して真っ白な世界ではない。とりわけ都市部は陰鬱な灰色である。その曖昧な色彩は誘致の成否に揺れる杉原の胸の内を象徴しているようでもあった。

芸術文化ホールは駅の東口にある。二十年前に北広島市が建設した公共のホールで、ステンドグラスが施された円形のホワイエが白い花を思わせることから、通称「花ホール」と呼ばれていた。駐車場に車を停めた杉原はシンポジウムのために用意した資料や備品を手にホールへ向かった。見慣れた景色だった。広々としたエントランスに立つと、ふと苦い思い出が込み上げた。〝白い花〟は杉原にとって憂鬱を意味していた。

社会教育主事として教育委員会に入ったばかりの頃、杉原は文化担当として毎日このホールに通っていた。コンサートや音楽講座を開催するために走りまわり、土日はほとんどホールで過ごした。それまで接したことのなかった世界で、舞台の上手《かみて》も下手《しもて》も分からず、恥ずかしい思いもした。大学や高校の同期は札幌市内の企業に就職し、週末の夜になれば繁華街に集まって飲んでいた。

「お前もたまには飲みにこいよ」

友人たちからのそんな電話がうらめしかった。

金曜日の夜になると、教育委員会の同僚たちも解放された顔で帰っていく。杉原は自分がひとり取り残されているような気がした。

当時、ホールの事務室には杉原の机があった。窓のない部屋だった。一日中、そこに詰めていると昼なのか夜なのか、時間の感覚すら失われていくようだった。

俺はこんなところで何をやってるんだ……。札幌に帰ってバイトでもやろうか……。

そう考えたことは一度や二度ではなかった。そんな鬱屈した時代の象徴がこの白い円形のホールだった。

だが、あの頃は見るのも憂鬱だったホールが今、この街にとって、杉原にとって重要な舞台となっていた。

「僕にやらせてください――」

シンポジウムが文化ホールで開催されると決まった時、杉原は誘致担当責任者である川村裕樹に申し出た。ホールのことなら隅から隅まで知っていた。どれだけの人間が収容できるのか、入退場の導線はどうするべきか、イベントの性質ごとに照明や音響までイメージすることができた。これまで誘致に関しては企画財政部のトップである川村の推進力についていくだけで精一杯だったが、ここにきてようやく自分が果たせる役割を見つけた気がした。シンポジウムの運営を任されてからはずっと、この日のために準備してきた。ボールパークを誘致するための重要な一日が自らの肩にかかっている。入庁した頃の沈んでいた日々が血肉になっていると感じることができた。

正午を過ぎると、ホールに市民が集まり始めた。事前に募集した定員五〇〇人はすぐに満席となった。本当にそれだけの人が集まるのか、当日になっても半信半疑だったが、コート姿の人々が続々とホワイエに集まってきていた。

「ねえ、お兄さん、本当にファイターズが北広島に来るの？」

市の職員証を首から下げた杉原を見て、ひとりの老人が訊ねてきた。宝くじの当せん発表を待つような表情だった。

「ええ、来るかもしれません……」

杉原はできるだけ声に力を込めて、そう答えた。

この街の空気が変わってきたのは確かだった。新スタジアムの誘致に名乗りを挙げて以降、北広島という街の名が連日、テレビや新聞で報道されるようになった。それと並行して市役所職員が地域をまわり、ファイターズの応援イベントを企画してきた。そうやって少しずつ誘致の機運をつくってきた。

すると最初は静観していた市民も情報を求めるようになってきた。球団の真意がどこにあるのか。新しいスタジアムはどんなものなのか。本当に札幌ではなく、北広島に来るのか。取り立てて名の知られた行事や名物を持たないこの街に一体感が生まれつつあった。

ようやくここまで漕ぎつけた……。続々とホールへ入場する人々を眺めながら、杉原はこの二年間の道のりを思い起こしていた。北広島市の誘致担当者である川村と、ファイターズ側の責任者である前沢とのやり取りは息を飲むものだった。二〇一六年に始まった実務者協議は旧庁舎の会議室で行われた。窓がほとんどなく、無機質な蛍光灯が並んでいるだけの重苦しい部屋が毎回のように凍りついた。川村も前沢も、望んでいること、望んでいないことをオブラートに包まず口にした。

「これは北広島市さんの方でやっていただきたい」

前沢が要求する。

少し間があって川村が首を振る。

「できません」

あるいはその逆もあった。両者がノーを突きつけ合う度に会議室には張りつめた沈黙が流れた。どこまでを球団が整備し、どこから北広島が整備するのか。抜き身の刀による官と民のせめぎ合いだった。杉原や他の職員は二人の間に生まれる緊張感と圧迫感に耐えきれず、視線を小さな窓の外に投げた。ぶつかり合う川村と前沢の間で涼しい顔をしているのは三谷くらいのように見えた。実務者協議を重ねていく中で、もうこれで決裂だと思ったことは一度や二度ではなかった。

ただ、二人の実務者は激しく衝突することはあっても、すれ違うことはなかった。イエス、ノーを偽らないことが両者の暗黙のルールであり、互いへの誠意であった。その本気が、当初はコールド負けだと考えられていた北広島市のボールパーク誘致をこの最終イニングまで引っ張ってきたように思えた。

そんな実務者たちの熱を市民にどう伝えるか。そして、この雪の季節にホールへ足を運んだ市民たちの熱を球団側の前沢と三谷にどう伝えるか。それがこのシンポジウム最大の目的であり、誘致の行方を左右する最後のハードルだと杉原は考えていた。

午後二時。ホールが開場した。企画財政部を中心にした二十六名のスタッフが市民を誘導していく。多くの人は室内でもコートを着たままだった。参加者五〇〇人のうち六割は六十代以上の市民だった。少子高齢化と人口減少、地方都市を襲っている波はこの北広島にも確実に迫っていた。人間と同様に街にも老いがある。

杉原は入庁してからしばらくは庁舎近くのアパートに暮らしていたが、三十代を前にして駅の西側に広がる住宅街に戸建てを買った。二人の子供ができて手狭になったという事情もあったが、何よりこの街で生きていく覚悟を決めたからだった。通称「さんぽまち地区」と呼ばれるその住宅街には約五キロにわたって歩行者専用道が巡らせてあった。専用道の内側には公園やスポーツ施設があり、幼児でも車の通行を心配することなく遊ぶことができた。どんな都市と比べても胸を張れる環境だった。だが、どれだけ環境を整えても人がいなければ街に血は通わない。高齢者はいずれ戸建てを出てマンションに移る。そこに若い世代が替わって入ってこなければ循環は途絶えてしまう。

このままではいずれ北広島はジリ貧になる……。杉原はこの街のために働く公僕としてここ数年、危機感を抱いてきた。そして、それらの課題を根本的に解決する力を持っているのがボールパーク誘致だった。

照明の入った大ホールは二階のバルコニー席まで埋まっていた。市議会議員の姿もあった。一番後ろにはカメラを構えた報道陣も並んでいた。前沢も三谷もすでに会場入りしていた。思い描いていた通りに舞台は整った。杉原の手には自ら作成したシンポジウム運営マニュアルが握られていた。スタッフ全員に配ったその冊子の冒頭には、あるメッセージが記されていた。杉原が川村に依頼したものだった。

「部長、シンポジウムに関わる全員の意思を繋ぐために何か書いてもらえませんか」

そう頭を下げると、川村は少し困ったような顔をしたが、しばらくして原稿を書き始めた。川村らしい飾り気のないストレートなメッセージだった。

『平成二十八年六月にボールパーク誘致を表明してから約一年半。様々な状況をクリアし、今回のシンポジウムまでこぎつけました。

一民間企業の構想とはいえ、国民的スポーツである「プロ野球」という資源を活用して、我々の次の世代に夢と希望を与えていけるまちづくりのチャンスです。

出来ないことに出来ない理由を整理するのではなく、あらゆる可能性を追求し、その方向性を見出す。我々、職員にとっても大変貴重な時間だと感じています。

このシンポジウムは、球団にとって初めて公の場で直接説明する機会であり、大変大きな意味を持つとともに、北広島市民はもとより道民にとっても注目されるものであります。

北広島市政の中でも歴史の一ページとなる瞬間に関われることを誇りに感じながら、それぞれの持ち場で業務を遂行していただくようお願いいたします。

川村裕樹』

シンポジウムが始まる直前、杉原はもう一度、その文面を読み返した。出来ないことに出来ない理由を整理するのではなく、あらゆる可能性を追求し、その方向性を見出す――とりわけ、そのくだりが胸に響いた。

午後二時三十分。市長の上野正三による挨拶で北広島市にとっての最終イニングの幕が開いた。

2

ホールを埋めた市民からどよめきが起こった。シンポジウムは半ばまで進み、壇上に上がった前沢と三谷がボールパークのイメージ図を公開した瞬間だった。それは新スタジアム計画が動き出してから初めて公にされた北広島の未来予想図だった。

杉原は舞台袖で息を飲んだ。そこには想像の中でさえ描いていなかった景色が広がっていた。宇宙船の一部のようなスタジアムの屋根が陽射しを吸い込むように開いていた。その下に鮮やかな芝生のフィールドがあった。球場の周辺には水辺があり、ボートが浮かんでいた。ショッピングセンターやホテルのような施設と、キャンプ場もあった。どこからどこまでがボールパークなのか区切りがなく、果てしなく広がっていくような空間だった。

野球を観るためだけの球場ではなく、人が集まり繋がる場所を生み出したい。スタジアムを中心に街をつくりたい。前沢は北広島市民を前にそう語った。会場にはどよめきに続いて拍手が広がった。

真冬のホールがいつしか熱気に包まれていた。進行表を握りしめた杉原の手は汗ばんでいた。壇上と客席の温度が少しずつ近づいていくのが分かった。二時間のスケジュールはあっという間に流れ、最後に登壇者のスピーチとなった。

前沢が立ち上がりマイクを握った。会場が一瞬、静まる。ボールパーク構想の発案者は視線を一身に浴びていた。黒縁眼鏡が照明に光り、表情は読み取れなかった。

この人に、この街の熱が伝わっただろうか……。杉原は祈るように壇上の前沢を見つめていた。

前沢は静かに話し始めた。

「今日、私たちがこの会場に入ってきたとき、初めて会った多くの人たちに声をかけていただきました」

声にはいつもより抑揚があるように感じられた。

「大変、期待していただいていることを感じました。建設地につきましては、これから球団と本社と協議して進めていきたいと思います」

前沢が言い終えると、司会者がその場にいる全員の意を汲んで尋ねた。

——建設地決定の要因は何ですか？

杉原もずっと訊きたかったことだった。会場が再び静まり返った。

前沢は少し困ったような顔で言った。

「複合的な要因を議論して決めることになると思います……というのが正式な答えでしょうか」

声色が硬かった。様々な感情を飲み込んでいるようだった。まだ札幌市も含めた建設地の検討段階で、周囲に推測されるようなことを言えるわけもなかった。

だが、前沢の答えはそれで終わりではなかった。

「ただ、最近思うのは……」

そう続けると顔を上げて、集まった市民を見つめてこう言ったのだ。

「どこで何をやるかよりも、誰とやるか。そのほうが大事だなと。そう考えています」

杉原はその瞬間、重要な言葉を聞いた気がした。

何をやるかよりも、誰とやるか――。どこでやるかよりも、誰とやるか――。

そう言った前沢の隣には川村がいた。この街を代表して、スポーツビジネスのプロと交渉してきた四十七歳の公務員は壇上で表情を強張らせたままじっと前を見つめていた。前沢の言った「誰か」とは、川村のことではないだろうか。確証はなかったが、杉原にはそう思えた。そうであって欲しかった。

冬の陽射しはあっという間に西の空に沈んだ。市民を退場させ、ホールでの撤収作業を終えて市庁舎に戻ると、もう辺りは真っ暗だった。杉原はイベント用の備品を返却すると市役所を出て南へ歩いた。長い一日はまだ終わりではなかった。

「シンポジウムの登壇者と打ち上げをしているから、杉原も自分の仕事が終わったら顔を出すように――」

川村から、そう言われていた。何かが決着したわけではなかったが、打ち上げには、これで誘致活動にひと区切りがついたという意味合いもあるのだろう。

この街に選択肢はそう多くはない。輪厚川を渡った先に職員たちが時おり集う店があった。前沢も三谷もその席にいるという。前沢への怖れはいまだ消えていなかった。ただ、かつては怖れだけだったが、今は三白眼の内側に秘めた熱量も余さず感じることができた。

白い息を吐きながら踏みしめる冬の道に杉原の革靴の音が響いた。まばらに行き交う車のヘッドライトが残雪を照らす。夜の中でも雪はくすんだ灰色だった。シンポジウムが始まるまでは杉原の心も同じ色だった。半信半疑、正直に言えば諦めが勝っていた。二年間の誘致活動を続ける中で「もしかしたら……」と思うようになってはいたものの、無邪気に奇跡を信じることはできなかった。期待するのが怖かった。それは杉原が過去に背負ってきたものと関係していたのかもしれない。

高校時代、杉原は札幌開成野球部に入って憧れのユニホームに袖を通した。だが、いつも重苦しさがあった。地区大会に出て、たまに勝つと、まだ二、三回戦だというのに新聞に取り上げられた。

「ミラクル開成の再現か」

たった一度だけ甲子園出場を果たした一九八八年のチームを引き合いに、そう報じられた。日々のグラウンドには学校関係者やＯＢたちがやってきて、口々に言った。

「お前たちだってやればできる。甲子園にいける」

一九八八年のメンバーはやって来なかったが、夢破れた者たちほど、そう言って杉原たちの肩を叩いた。先輩たちの思いは伝わってきたが、どこか息苦しかった。

校内を見渡せば、十年以上前の全道大会優勝の写真や盾が飾ってあった。甲子園出場時の寄付金で建てられたという室内練習場にも恵まれていた。野球部のグラウンド脇には当時のメンバーの名が刻まれた記念碑が建っていた。それらは入学当初こそ自分を奮い立たせてくれたが、試合で敗れるたび、甲子園との距離を突きつけられるたび、重荷になっていった。ミラクル開成。奇跡の甲子園出場。それはまるで野球部が果たさなければならない義務であるかのようについてまわった。

そして高校三年の夏、杉原は奇跡と自分との距離を知った。地区大会の序盤、相手は道内随一の進学校と言われる札幌南高校だった。練習試合でも負けていない相手だった。杉原はショートを守り、三番を打つ主将であった。

ゲーム前半、マウンドに上がったエースピッチャーは三回まで一本のヒットも許さず、札幌開成は順当にリードした。だが、その時、曇天から雨が落ちてきた。それを境にしてエースの制球が定まらなくなっていった。数日前の練習で二番手投手が怪我をしていて代えはいなかった。嫌な予感がした。イニングを重ねるごとに追い上げられ、追いつかれ、ついに追い越された。そして踏ん張りどころの六回ツーアウト、ランナーを二塁に置いて杉原の守るショートに打球が飛んだ。普段通りに一塁へ投げればチェンジだった。そこから逆転攻勢に転じることもできたはずだった。だが、なぜか杉原は一塁へ投げるのが怖くなった。目の前の二塁ランナーをタッチしにいった。その瞬間、ぬかるんだグラウンドに足をとられた。見えない何かが自分たちの足に絡みついているようだった。チェンジのはずがランナー一、三塁と傷口が広がった。結果的にそのミスは致命傷につながった。気づけば七回コールドで敗れていた。奇跡を期待されながら、全道大会にすら辿り着けなかった。杉原は雨のグラウンドで無力感と欠落感に包まれた。

その年、甲子園に出場したのは札幌南だった。ミラクルと表現されたのは自分たちではなく、彼らだった。あの時、なぜ一塁へ投げるのを迷ったのか……。後悔はずっと消えなかった。それ以来杉原は奇跡と訣別した。その甘美な響きに対して疑心を抱くようになった。

ボールパーク誘致に対してもできる限りのことはやってきたつもりだった。誘致を牽引してきた川村や企画財政部の職員たちの歩みが報われてほしいと願ってもいた。だが、心の底にはいつも「どれだけ願ったところで、結局は……」という諦めが沈澱していた。

だが、今は違った。あれから二十年近くが経ち、公務員人生で最大のミッションとも言えるシンポジウムを終えた杉原は灰色の残雪の先に新たな未来像を思い描くことができた。前沢のあの言葉がそうさせていた。

どこで何をやるかよりも、誰とやるか——。

この街にファイターズが来るか、新しいスタジアムができるか、それは分からなかった。ただ、杉原はもう一度だけ、奇跡を信じてみようという気になっていた。

3

札幌市営地下鉄・真駒内駅の南に広がる柏丘《かしわおか》は札幌オリンピック当時、選手村やプレスセンターが建てられた場所だった。現在は札幌市内で三本の指に入る高級住宅地と言われている。市内を横断する豊平川とその支流の真駒内川に挟まれた高台からは市街を一望することができた。

北広島のシンポジウムから一週間が経った二〇一八年二月十一日、柏丘の一角にある北海道青少年会館ではファイターズの新スタジアム構想についての説明会が開催されようとしていた。主催者として奔走していたのは札幌市の職員ではなく、ファイターズの球団職員でもなく、札幌市商店街振興組合連合会の理事長を務める島口義弘だった。

島口は札幌市中央区にある狸小路商店街で土産物屋を営んでいた。巨大な狸の置き物がシンボルの「たぬきや」は大正五年に祖父が創業し、島口の代で三代目だった。

そんな根っからの商人に一本の電話がかかってきたのは二〇一八年が明けてまもなくのことだった。電話の主は札幌市役所まちづくり政策局長の浦田洋だった。会って話したいことがあるという。商店街に関する折衝などで浦田とは長い付き合いだったが、すぐには何事か想像できなかった。

旅行客の観光スポットにもなっている狸小路商店街から札幌市庁舎までは北へ通りを三本の距離だった。徒歩七分。島口がまちづくり政策局のフロアに顔を出すと、浦田は二人だけの空間に場所を移し、切り出した。

ファイターズのボールパーク建設候補地に真駒内公園を考えているが、そのための住民向け説明会を市商連で主催してもらえないか――。

それが浦田の相談事だった。

なぜ第三者である市商連が主催するのか？　まず疑問が浮かんだ。

確かに真駒内公園は北海道庁が管轄している施設である。ファイターズはもとより、札幌市のものでもない。そう考えると、まだ建設地が決まっていない段階では第三者が呼びかけるのが適切なのだろう。そうした事情を推察することはできたが、浦田の唐突な依頼からは札幌市の抱えるジレンマも透けて見えた。

ファイターズの新スタジアム計画が公になって以来、島口は札幌市と球団との交渉経過を複雑な思いで見守ってきた。双方の思いと、そのすれ違いが分かったからだ。

球団の事業統轄本部とはファイターズが北海道に移転する前年の移転準備室時代からの付き合いだった。まだ観衆が数千人という日もあった移転初年度、島口が所属する市商連で札幌ドームへの応援ツアーを組んだ。オフシーズンになれば、選手やファイターズガールのイベントを主催した。シーズン前には球団と新企画について打ち合わせをするようになった。商店街は移転したばかりの球団と初めてプロ野球球団を迎えた札幌市民とを繋ぐ存在だった。

前沢のこともその頃から知っていた。島口はまだファイターズにやってきて間もない前沢に対して、そのストレートな物言いを窘《たしな》めたこともあった。

「前沢さん、あなた、それじゃあ交渉事はうまくいかないよ」

正直な人間だということも、その反面、他人に誤解されやすい人間だということも分かっていた。だからこそ、ボールパーク構想における札幌市とファイターズのすれ違いがもどかしかった。

前沢が求めているものを言葉にするなら、それは夢であり、その壮大さに見合うキャンバスだった。誰も描けないものを描くのが彼の仕事だった。だが、浦田ら役人はそうはいかない。形になると決まったものについて議論するのが仕事だ。二〇〇万人が暮らす大都市の役人であれば尚更だった。そんな両者は価値観ですれ違い、計画推進の手順やスピード感ですれ違っていた。そして官と民、両者を繫ぐ存在がこの街にはいなかった。

札幌は官の街である。明治新政府が原野を切り開いて整備した。各交差点の看板がそれを象徴していた。市街の交差点は東西南北と数字によって名付けられていた。「南一西一」の交差点から西へ進めば、次は「南一西二」となる。役所にとって必要なのは区画を整理するための符号であり、曖昧さが入り込む余地はなかった。島口はそこに札幌と他の大都市との違いがあると考えていた。

本州以南にはいまだ武家社会の構図が残っていた。かつては城があり、城の周りに町があった。そこには役人と町人がいて、何より両者を繫ぐ名士のような人物がいた。官にも民にも分類できないその存在が城下町の運営を円滑にし、諸問題を未然に解決していた。だが、武家の歴史を持たない札幌に半官半民の名士は見当たらなかった。大通公園を挟んで北と南。官と民は明確に色分けされていた。現代においても色濃いその構図がボールパーク問題に影を落としているように思えてならなかった。建設候補地が決まらないという報道を見るたび、この都市の宿命を思わずにはいられなかった。

だから島口は説明会主催の打診を受けたとき、たとえ一日であっても自分が官と民の、札幌市とファイターズの間に必要とされる存在であるなら引き受けようと思った。島口にとって、それだけ両者は人生に欠かすことのできない一部だった。

説明会当日の朝、島口は会場となる柏丘の青少年会館に着くと、大ホールで準備を始めた。市内の各商店街から二十名ほどのスタッフが集まっていた。いずれもファイターズの札幌残留を願う者たちだった。

説明会では、まず識者が真駒内公園の利用について基調講演をした後、札幌市役所の浦田と村瀬利英、球団の前沢と三谷が登壇して意見交換を行う予定だった。とりわけその場面はデリケートな空気になることが予想された。真駒内公園へのボールパーク建設には根強い反対派が存在していたからだ。三月末の建設地決定が迫るにつれて反対派と賛成派、それぞれが駅前などで署名活動を始めていた。

ただ、司会を任せられた島口が考えていたのは賛否どちらの色も付けないことだった。この説明会はあくまでも真駒内地区の住民にファイターズが描く構想を知らせるための場だった。賛否を差し挟むことなく、最後まで聞いてもらう必要があった。もし途中で極端な賛否が叫ばれれば、そこは論争の場に変わり、説明会が中断してしまう恐れもあった。そうなれば、札幌でのボールパーク計画は行き場を失ってしまうだろう。だからスタッフにはあらかじめ警戒すべき団体や個人の名前を告げてあった。そのためか、会場には開始前から独特の緊迫感が漂っていた。

ひと通りの準備を終えると、島口は会場の外に出た。柏丘の頂上にある青少年会館からはすぐ下に真っ白な団地が見えた。のっぺりとした白塗りの画一的な外壁には日の丸と雪の結晶と五輪マークの並んだエンブレムがペイントされていた。札幌オリンピックのロゴマークであった。団地は当時の選手村であり、その後は五輪団地と呼ばれる住宅になっていた。そこは島口が青年期を過ごした場所だった。真駒内はかつての自分を救ってくれた故郷であった。

島口は一九六三年に札幌市中央区で生まれた。実家が狸小路商店街の土産物屋であることから自然とアーケードの下が遊び場になった。リトル東京とも言える札幌中心部育ちの少年が太陽の光を浴びる場所は限られていた。冬になると札幌駅前に設営される簡易スキー場か、ビル群に見下ろされた大通公園くらいだった。島口は次第に室内で過ごすことが多くなった。たまに外に出てもアーケードか地下街、ほとんどを屋根の下で過ごした。その影響か、月に一度は風邪を引いた。自分のことをコンクリートのジャングルで生まれたひ弱な少年だととらえていた。

転機が訪れたのは十一歳のときだった。札幌オリンピックの二年後に五輪団地へ家族で入居できることになり、真駒内へ引っ越した。中央区から南区へ。移動したのはわずか数キロの距離だったが、そこには別世界があった。朝はカッコウとひばりの声で目が覚めた。

団地を一歩出れば真駒内公園へ続く緑道があり、バッタが跳ねていた。公園の周りには川が流れていて、野鳥やカジカを日常的に見ることができた。何より驚いたのは秋になるとミズクサが茶褐色の穂をつけ、ソーセージほどの太さになることだった。ガマの穂と呼ばれるその種子が晩秋の風に乗って散っていく様は美しかった。

野球を覚えたのも真駒内に移ってからだった。オリンピックの舞台となった競技場を横目に友人たちと三角ベースをした。いつしか島口少年の肌は小麦色になり、風邪を引かなくなった。その後、父が市中心部の豊平区に家を建てるまでの十数年を島口は真駒内で過ごした。青年期の美しい思い出だった。本音を言えば、浦田からの依頼を引き受けたのは、そこが真駒内だったことも大きな要因だった。

五十四歳になった島口の目に、真駒内は一見すると変わっていないように映った。青少年会館から見渡す真駒内公園の緑も、五輪団地の白も、森も川もあの頃のままであるように見えた。だが、街の空気は決定的に変わっていた。人が減った。とりわけ若者が減っていた。オリンピック当時に移り住んだ人々は高齢者となり、あの頃の子供たちは街の外へ出ていったのだろう。それに比べて新たに移住してくる若い世代が少ないようだった。いくつかの学校が統廃合されたという近年のニュースと考え合わせると、そう推測できた。つまりオリンピックの思い出とともに時計が止まっていた。柏丘を包んでいる異様な静けさはそのまま、この街の老いであるように感じられた。

島口は仕事で他県の商店街に出張すると、決まって現地のスーパーマーケットに寄ることにしていた。並んでいる食材を見れば、その街の状況が分かるからだ。生鮮食材が豊富に陳列されていれば、若い世代の循環がある街であり、逆に調理済みの柔らかい惣菜ばかりであれば、そこは高齢者の街だと判断できる。

個人商店にとって重要なことは言うまでもなく繁盛店になることだ。だが、商店街としては一つの繁盛店があるだけではすぐに廃れてしまう。隣の店も、その隣の店も繁盛店でなければならない。人と店舗のサイクルがあるか否かが商店街の寿命を左右する。それが幼い頃からアーケードの下で育ち、多くの店を見てきた島口の持論だった。そして、店と商店街の関係は、どこか人と街との関係にも似ていた。

真駒内の時計を再び動かさなければならない――かつてこの街に救われた島口は説明会を前にそんな思いを抱えていた。

午後一時三十分。説明会は定刻通りに始まった。オリンピック当時、世界中のメディアが集まるプレスセンターだった青少年会館の大ホールには定員に迫る四五〇人あまりの住民がやってきた。報道陣もいた。並んだカメラの数が道内の関心の高さを物語っていた。誰もが、これが札幌市にとってのラストイニングだということを分かっているようだった。

まず識者が第三者的な見地からこの土地でのスタジアム建設の可能性について語った。会場の空気は冒頭から張りつめていた。水面下で賛否がせめぎ合う中、説明会は進んだ。そして、前沢と三谷が登壇すると緊迫感はピークに達した。聴衆は彼らをじっと見つめていた。微かにどよめきが起こったのはボールパークのイメージ図が公開された瞬間だった。ファイターズの新スタジアムはかつてオリンピックの開会式が行われた真駒内公園屋外競技場に想定されていた。周辺には親水空間やレストランや保育所が、公園と森との境にはバーベキュー場やキャンプ施設などが描かれていた。司会進行として壇上にいた島口も目を奪われるほどの鮮烈さだった。

前沢の中には揺るぎないものがあるようだった。自分たちに任せてもらえれば、これまで誰も見たことのないエンターテイメント空間を生み出してみせる。言葉の端々にそんな自信をのぞかせていた。ただ同時に住民たちの間にデリケートな空気が渦巻いていることも分かっているようだった。イメージ図には公園南側一帯の自然林には手をつけず保全する計画も示されていた。

「真駒内は自然豊かな公園であり、閑静な住宅街であり、冬季オリンピックが行われた場所です。我々はその特徴に最大限に配慮したいと考えています」

静観する聴衆に向かって、前沢は訴えた。

「球場ができること、イコール自然破壊にはなりません」

かつては対外的な摩擦など恐れずに突き進んでいた男が他者に理解を求め、歩み寄ろうとしていた。前沢も三谷も必死なのだということが伝わってきた。

そして、それは浦田と村瀬も同じだった。札幌市の担当者としてマイクを握った浦田はまず交通問題に触れた。もし建設地となれば、懸念されている渋滞解消のために真駒内駅とスタジアムを結ぶシャトルバスを充実させる方針を示した。

「できる限り地域に迷惑をかけないよう考えてまいります」

浦田は実務主義の男であった。耳当たりの良いことは言わない。まちづくり事業ひとつ取っても、あくまで定量調査やデータに基づいて可否の判断を下す。そんな浦田が現状で言える最大限の言葉なのだろうと島口は感じた。少なくともこのホールの壇上で官と民はそれぞれの立場でもがきながら、同じ目的地をめざしていた。

説明会は中断することなく最後まで進行した。賛成派も反対派も介入することなく、すべてのスケジュールを終えた。島口は深く息をつきながら思った。果たして、両者のギャップは少しでも埋まっただろうか。

札幌市民はここまでの誘致活動にもどかしさを感じてきたはずだった。手つかずの広大な土地を有する北広島市に比べれば、札幌市には制約があり過ぎた。二〇〇万という人口と、その数を運搬できる地下鉄網というアドバンテージがありながら、複雑に入り組んだ意思決定経路が歩みを鈍らせていた。あたかも肥大しすぎて身動きがとれなくなった巨人のようだった。このままではファイターズは札幌を離れてしまうのではないか……。そんな危惧を抱いているはずだった。

だが、誘致合戦の最終局面とも言えるこの時期に、球団と札幌市それぞれの担当者の思いを住民に伝えたことは大きな意味があるような気がした。まだゲームは終わっていない……。島口はそう自分に言い聞かせながら真駒内を後にした。

翌朝、地元紙の第二社会面には真駒内で開催された説明会の様子が報じられた。出席者の発言や市民の談話が掲載された記事には、この都市の状況を端的に表す小さな見出しが付けられていた。

「割れる賛否――」

4

秋元克広は市庁舎十階の市長室を出るとエレベーターで高層部へ向かった。二〇一八年三月十九日、札幌市第一部予算特別委員会に出席するためだった。議題の一つはファイターズのボールパーク構想だった。現状、札幌市で最も注目されている事案の一つである。本会議であれ、本会議の前に種々の特定案件を審議する委員会であれ、幾多の質疑に晒され、その度に答弁に立つのは市長である秋元にとって日常だった。だが、この日はとりわけ覚悟を決める必要があった。あるいは最終回のマウンドに立つ投手のような心境だったかもしれない。

十六階でエレベーターを降りると、第一特別委員会会議室の扉を開けた。入口横に委員長席があり、それを挟んで右手に当局の席、左手に議員席が設けられている。秋元は当局側の最前列に腰を下ろした。長丁場になるだろうという予感があった。

委員会は少子化問題に関する質問で幕を開けたが、すぐにファイターズ新球場へと議題を移した。ある議員が質問に立った。

——そもそも、ファイターズがホームスタジアムの移転を主張した時点で、札幌ドームの改修等で対応できなかったのか？

議論はそこから始まった。

これに対し、担当部長として答弁に立ったのは、まちづくり政策局の村瀬だった。

「新球場建設構想が明らかになった平成二十八年五月以降、これまで多くのファンが慣れ親しんできた札幌ドームを継続利用していただきたいと考え、ファイターズへの意向確認や働きかけをしてきたものの、ファイターズとしては札幌ドームの継続利用ではなく、あくまでも新球場の建設を目指したいということであり、残念ながら具体的な改善の協議には至りませんでした」

村瀬はゼロから話し始めた。なぜ新球場というプランが浮上したのか、その発端から説明しなければならなかった。また、スポーツ局から交渉窓口を引き継ぐ以前のことには答えを持ち合わせていなかったため、こう答えるしかなかった。

「ファイターズが新球場建設を検討するに至ったのはハード面の課題だけではなく、球場と球団の一体運営を行うことで、長期的に安定した運営やファンサービスの向上を目指すところにもあるというふうに認識しております」

村瀬の答弁は暗に新スタジアム計画と札幌ドームの問題は既に切り離されたところにあることを示唆していた。

秋元はやり取りを耳にしながら、過去に引き戻されるような感覚になった。今、議員が問うているのは二年前のことだった。それに対して当局側が頭を悩ませているのはむしろ今と、これからのことだった。そこには大きな隔たりがあった。だが、その後も時計の針は巻き戻され続けた。

議員が立て続けに問う。

——ファイターズが札幌ドームに要求していたのは具体的にどんなことだったのか？　なぜ、それを断ったのか？　なぜ、一民間企業の計画に対する誘致を北広島市と札幌市、二つの自治体で争うような事態になってしまったのか？

村瀬が再び立ち上がった。市議会議員は市民の代表である。有権者の声を代弁したその質問に一つ一つ答える必要があった。

「一昨年の十二月三日にファイターズとコンサドーレ、そして株式会社札幌ドームと札幌市が協議を行いました。その中で札幌ドームについて野球の専用化も含めた議論を行いましたが、結果的には札幌ドームは現在のまま多目的な施設としていくことがその場で結論づけられました。その直後になりますが……」

村瀬は二年前の四者会談で周知されたはずのファイターズと札幌ドームの訣別についてもう一度、説明することになった。

秋元はジレンマを感じていた。札幌の真駒内か、北広島か。建設地決定の結論が出るまで、あと一週間というところまで来ていた。この期に及んで、まだ札幌ドームについて議論せざるを得ない……。その苛立ちは自分自身に対するものだった。

何かを手に入れれば、人はどうしても今あるものにとらわれる。かつては何も持たない原野だったこの札幌も今や国内で五本の指に入る大都市である。既存のものを守るための規制や条例であふれている。ただ、そもそも自分はこの都市にフロンティアを見出すために入庁したのではなかったか。その気風に魅せられて、この札幌市役所に入庁したのではなかったか。秋元の胸にふと、そんな思いがよぎった。

秋元は、かつて炭鉱の街として知られた夕張の生まれだった。大学で札幌に出た。四年生となり就職活動を始めた頃は公務員になるつもりはなく、商社や金融機関を希望していた。ただ当時は民間企業の就職試験が十月に入らなければ解禁されなかったため、その前に腕試しの意味合いで札幌市役所を受けてみた。

面接の日、担当官と向かい合った。いくつかやり取りをするうちに札幌市の地下鉄の話題になった。

「札幌の地下鉄はゴムタイヤで、他の都市に比べて静かなのが良いと思います」

秋元が言うと、面接官は満足げな顔をした。

札幌オリンピック前年に開業した札幌市営地下鉄はフランスのパリに倣ってゴムタイヤ式だった。当時の日本に存在した鉄軌道やモノレールに当てはまらない「案内軌条式鉄道」として十年計画で開業した。

その歴史に胸を張る面接官を前に、秋元は続けた。

「ただ、ゴムタイヤのため国鉄との相互乗り入れができません。そんな地下鉄は今や世界を見ても、パリと札幌だけではないでしょうか。将来に禍根を残すことになるのでは……」

そう言った瞬間、面接官の形相が一変した。

「君、なんてことを言うんだ！　ゴムタイヤの地下鉄は札幌の誇りなんだぞ！」

鋭く言い放つと、秋元を睨みつけた。面接はそのまま終わった。

帰り道、秋元は内心で苦笑いしていた。自分では思ったままを伝えたつもりだったが、さすがにストレート過ぎたか……。そして、やはり役所には肌が合わないこと、自分が合格する可能性はゼロであることを確信していた。

ところが数日後、市役所から連絡があった。合格したのだという。

あんなことがあったのに採用するのか……。こんな生意気な学生を採用する役所なら、もしかすると面白いことがやれるかもしれない。秋元の中で従来の公務員のイメージが覆《くつがえ》され、民間企業への就職を決めていた心は揺さぶられた。そして翌春、秋元は札幌市役所の一員となった。

初任地は北区役所だった。北海道大学のポプラ並木などで知られる平坦で積雪の多い地区だった。秋元は日々、細かな赤煉瓦模様の役所に通った。入口からすぐの窓口課が新人職員の指定席だった。戸籍の写しや印鑑証明の発行手続きをするのが仕事だった。カウンターの下には電動の戸籍保管庫があり、フロアには書類を運ぶベルトコンベアが設置されていた。低い天井に並んだ蛍光灯の下、それら電動機器のモーター音を聞きながら一日中、市民に応対した。

周りを見渡せば、午前九時から午後五時まで、決められた対応だけを繰り返して一日を終える職員もいた。平坦な日々に身を任せているように映った。入庁一年目の秋元はその空気に飲み込まれてはならないと自分に言い聞かせていた。

そんなある日、印鑑証明を求める市民が窓口にやってきた。六十代に差しかかろうかという中年男性だった。

「身分証明書の提示をお願いします」

秋元はいつもの台詞を告げた。男性は銀行のキャッシュカードと保険証を提示した。

「あの、すいませんが……」

秋元は規則通りに対応した。運転免許証など写真付きの身分証であれば二点で構わないが、顔写真がない場合は氏名入りのものが三点必要だったのだ。

「もう一点、何かお名前の入った身分証をお持ちではありませんか？」

秋元が訊ねると、男性は困ったような顔になった。財布や鞄の中を探ったが、どうやら他に身分証は見当たらないようだった。

この男性に印鑑証明を発行することはできない。自宅に戻って、身分証をもう一点持ってくるように伝えなければならない。それが窓口課の仕事だった。

ただ、秋元は釈然としなかった。本当にそれが自分の仕事なのか？

そして、ふと男性が着ているスーツに目を止めた。

「あの、その上着にお名前が入っていませんか？」

男性は一瞬、驚いたような顔をした。それからジャケットの内側を覗き込んだ。秋元が予想した通り、内ポケットの上にイニシャルの刺繡があった。正式には身分証として認められなかったが、秋元は少しだけ声を潜めて言った。

「それ、お名前ですよね？　それで三点ということに」

秋元が微笑むと、男性も微笑んだ。若き公務員にとって、忘れられない出来事だった。振り返ってみれば、秋元は従来の役所のイメージを覆したくて入庁したのだ。既存の枠組みの上に新しい発想を生み出し、大都市にフロンティアを見出すためにこの仕事を選んだのだった。

第一特別委員会会議室ではボールパークに対する質疑が続いていた。議員が声に力を込めた。

――いずれにしても、多くの全道のファンや札幌市民も、ファイターズがどこに行くのか、そして、その行った先でかつてのように多くの人の応援をいただいて野球をしていくことが本当に可能なのかどうかと。道民も市民も、できればそういうふうにしてほしいと願っているわけでありますから、市としても、可能な限り情報を提供していくという中で市民意見にのっとって判断していただきたいということを申し上げて質問を終わります。

議員がそう言って着席すると、今度は別の議員が立った。質問はやはりボールパーク問題についてだった。球団の思惑と市の対応について疑問が鬱積していたのだろう。矢継ぎ早に繰り出される質問の矛先は市長の秋元に向けられた。

——市長に訊ねます。今日の午前中に日本ハム球団の社長は北海道知事に申し入れていた三項目の求めに対する回答を得るために知事と会いました。知事がそこで回答した内容について、市長は聞いていますか？

事実だった。この日、ファイターズの球団社長である竹田憲宗が真駒内公園を管轄する北海道庁を訪れた。そして知事の高橋はるみにあらためて公園の使用承認とボールパーク建設に関する支援を要請した。

「全ての状況、逐一のやりとりはまだ聞いておりませんが、こういったやりとりがあったという概略、要旨については報告をもらっています」

秋元が答えると、議員は質問を重ねた。

——真駒内公園について、知事はどういう回答をしましたか？

議員が何を問おうとしているのか、いや、主張しようとしているか、秋元には察しがついていた。だから、あえて客観的に答えた。

「北海道日本ハムファイターズが北海道に与えるさまざまな可能性について、北海道内に留まる前提で最大限の協力をしますということでお話しされたというふうに聞いております」

そこで質問者の語調が鋭くなった。

——日本ハム球団が求めていたのは、まず一つ目は（公園の）使用承認、二つ目は使用料についての減免、三つ目は（公園内にある屋外競技場）解体費用の支援、この三つであって、それに対する回答だと。私は真駒内公園についてどういう回答をしましたかと確認したら、知事は札幌市が周辺住民の理解を得ることを前提に使用について協力する、こう答えているというのです。

議員は明らかに真駒内住民の反対意見を焦点にしていた。それを無視してスタジアム計画を進めてはならないという警告を発していた。

——市長、これは極めて重大な問題です。

議員は室内に響き渡る声で言った。

——札幌市内で高級住宅地と言われるのは宮の森地区、円山地区、そして南区の柏丘だと皆さんが言っておられます。私も去年の暮れに柏丘のご婦人から電話をいただいて、その後、何回もあの中を歩いてみたし、公園の中も数回調査しました……。

延々と繰り出される議員の質問を聞きながら秋元は正面を見据えていた。議員の後ろにはこの委員会を傍聴する市民の姿が見えた。多くはボールパーク建設反対派であるようだった。議員はその人々の声を代弁しているのだろうか……。賛成派はどれくらいいるのだろうか……。秋元は考えていた。いずれにしても、そこにあるのはまだら模様の民意であった。

——……共通することは何かといったら、今のような大事なことについてはきちっと住民に説明し、理解を得るということなのです。憲法上からいっても、地方自治という制度からいっても、今回のこの問題に関するこういうやり方はまさに今の森友問題とうり二つであります。何かといったら肝心なことは市民に知らせない、議会にも明確に説明しない、説明会もやらない中で、二月に一方的に行われたフォーラムというのは、札幌市が補助金を出している札幌市商店街連合会の一部の団体が主催してやったに過ぎない。私も参加しましたが、質疑もなければ何もない、そして、その後に行ったアンケートも、球場をつくろうとすればというアンケートです……。

議員は真駒内で開催された説明会に対し、プロパガンダの気配があると指摘した。そして声を尖らせた。

——さて、そこで市長、こういう大事なことに対して、なぜ今まで議会にちゃんと説明しないのか、関係住民が副市長に反対署名を提出したときにも説明しないのか。市長、これについて答えてください。

秋元は議員の主張をじっと聞いていた。そして、ふと壁に目をやった。委員長席の上に時計があった。装飾のない壁掛け時計が淡々と時を刻んでいた。もう開始からどれくらいの時間が経過しただろうか。同じ場所を何周もしているような感覚があった。

おそらく全ての人が納得するのはファイターズが札幌ドームに留まることなのだろう。これまで通り、この街の構図を維持することなのだろう。札幌市内に建設地を見つけることができなければ、ファイターズはドームに残らざるを得ないはず——そう考えている人たちがいまだにいるのだ。それが現実だった。秋元は内心で嘆息した。その嘆息はやはり施政者である自分に向けられたものだった。ファイターズが描く新しい世界を市民に理解してもらうことができなかった。イメージさせることができなかった。無力感に襲われながら秋元は息をついた。そして立ち上がった。

あるいは、もう遅いのかもしれない。それでも今、この場で言っておかなければならないことがある。そんな気がしていた。秋元は委員長席に顔を向けると、こう宣言した。

「少々、答弁が長くなりますが、委員長、ご了解をいただきたいというふうに思います」

その声に委員長が頷いた。異例ともいえる市長の宣言に室内は静まり返った。

秋元は大きく息を吸い込むと、語り始めた。

「この二年にわたって非常に多くの方々、札幌市民のみならず、道民も多くの方々の関心の中でこの段階に来ております。そうした中で、これまでも、真駒内の方ばかりではなく、いろいろな懸念の声がいくつかあります。一つはなぜ、一企業の行動に対して北広島市なり札幌市が誘致というような形をとっているのかという懸念であります。もう一つは、札幌に関して言えば、札幌ドームがあるのに、なぜ、そこを使わずに新球場という話になっているのか……」

秋元はあえてゼロから話し始めた。また議論が堂々巡りする恐れはあったが、もう一度、いや何度でも話す必要があると思った。

「確かに、日本ハムという親会社の活動は一企業の活動だと認識しています。その関連会社、子会社である日本ハムファイターズという球団、これは単純な企業活動とは少し違うのではないか、もう少し公のものとして意味を持っているのではないかという根底の考え方を持っています。というのは、スポーツの持つ魅力を楽しむということ、例えば、札幌市民がこれまで都市の生活の魅力を享受する中で、以前は下水道あるいは道路が舗装されるということで都市での生活を享受されて、行政はそのことに力を入れてきました。少しそういうインフラが整った段階で、音楽を聞いたり、スポーツを見たりという生活のゆとりというものがまた都市の魅力になってきた時代であります。ファイターズという球団ができたことで、仕事が終わってからでも行ける、学校が終わってからでも行ける、きょう思いついた時に野球の観戦に行けるようになる。これは東京だとか、名古屋だとか、横浜だとか、大阪だとか、そういう都市の人たちが持っていたものを札幌市民が持つようになった……」

本会議にしても、特別委員会にしても当局側の答弁は淡々と現状を伝えるものがほとんどだが、秋元の口調は言葉を重ねるごとに熱を帯びていった。現代の都市生活に必要なものは何か。プロ野球がこの街にやってきてから、この街の人々はどれほどのものを享受してきたか。この街にとってファイターズとは何か。官と民の枠を越えて訴えた。

「……一企業の行動であったとしたら、例えば、優勝パレードに大通公園を使って十数万人の人たちが集まるでしょうか。これはやっぱり違うのではないでしょうか。ファイターズが優勝した、そのことに対して、これはオリンピックで金メダルをとった、銀メダルをとったのと同じ思いで、パブリックビューイングでみんなが一体となる、こういう思いというのは札幌という都市の魅力の一つである、やはり、これを大事にしたいというふうに思っています」

それから秋元は、ファイターズがまず最初に考えたのは札幌ドームを舞台にしたボールパーク構想であったこと、新スタジアムに関するあらゆる可能性を考えた末にドームを離れる決断をしたこと、その上で札幌市とともに市民の通いやすい地下鉄沿線に二つの候補地を探したこと、その二つは意見調整がつかずに断念したことを説明した。つまり、もう過去に戻ることはできないのだと訴えた。

秋元の視線は議員の後ろに見える市民に向けられていた。

「今ここで進まなくては札幌市としてはもう手がないということになると。多くの市民の皆さんが今まで享受してきた札幌のライフスタイルをここで切ってしまう、本当にそれでいいのかという思いでおりました。今日もたくさんの方がいらっしゃっています。多くの心配の声を無視しようとは全く思っていません」

真駒内だけでなく、どの場所にも反対派がいれば、賛成派もいた。それぞれが決して握り潰されてはいけない民意だ。それは分かっていた。だが、今は都市としての意思を示すのが先決だった。

「今、どの段階かというと、これで物事を決めたということではありません。次に行くための一歩手前の話です。ここで具体的な話があって、自然環境への配慮というのはこれではだめだ、あるいは住宅への影響、居住環境への影響、これでは我々は納得できないということであれば、この計画は進んでいかないわけであります」

秋元はそう締めくくった。委員会室は静寂に包まれていた。最初に大きく息を吸い込んでから十四分が経過していた。異例の答弁は、無力感と自戒の中で絞り出した札幌市長としての叫びであった。

はたして声は市民に届いただろうか。どれだけ自問しても秋元にはそれを確かめる術はなかった。手応えもなかった。

それからも委員会は続いた。議員による質問が繰り返され、秋元の叫びをかき消すような主張が再び堂々巡りを始めた。

——……会社の土地ならいいのですが、少なくとも道民共有の財産ですよ。その公園に一私企業の、それもどんな現場の会社かもわからないような、まだ先も見えていない会社に施設をつくらせる……

——……ハムに天秤秤《ばかり》に乗せられていてはだめなのです……

行き場を失った議論は、他の議員から質問打ち切りの動議が出たところでようやく終わった。

建設地決定の日は七日後に迫っていた。

第九章　運命の日

――午前五時　東京

高山通史はアラームが鳴る前にホテルのベッドを抜け出した。長年染み付いたナイター暮らしの影響か、朝は得意ではなかったが、この日ばかりは夜が明けないうちに目が覚めた。二〇一八年三月二十六日、ファイターズのボールパーク構想は建設地決定の日を迎えていた。札幌の真駒内公園か、北広島の総合運動公園予定地か、午前八時三十分からの日本ハム臨時取締役会において結論が出ることになっていた。

高山はホテルから最寄りのコンビニエンスストアへ向かうと、並んでいた新聞をすべて買った。部屋に戻って全紙に目を通す。それからパソコンを開き、各紙のサイトも巡っていった。「ファイターズ」、「札幌」、「北広島」、「ボールパーク」、追っていたのはそれらの単語だった。朝一番で新聞をチェックすることは新聞記者時代にもよくあったことだが、今は球団の人間として目を通している。どこか不思議な感覚だった。

取締役会が始まる前に建設地について確定的な先行報道がなされれば、決議そのものが中止される可能性もある――まだ未明のうちに目覚めたのはそう聞いていたからだった。

高山が前沢、三谷とともに東京に入ったのは前日の午後だった。札幌ドームの球団事務所で待ち合わせて新千歳空港へ向かった。羽田行きの出発口に着くと、どこかで見覚えのあるスーツ姿の人物がゲート脇に立っていた。大手新聞社の記者だった。記者は前沢に歩み寄ると、質問を投げた。

「前沢さん、これから取締役会ですか?」

口調に切迫した響きがあった。前沢は記者を一瞥しただけで何も言わず、足早に歩き去ろうとした。記者はなおも追いすがった。

「真駒内で……、真駒内でいいですよね?」

そう言って、前沢の顔を覗き込んだ。彼は質問をぶつけた瞬間の前沢の表情の変化によって、イエスかノーかを読み取ろうとしているようだった。

高山にはその記者の心情が想像できた。彼は追い詰められていた。おそらく会社のデスクから、札幌なのか北広島なのか、建設地についてスクープを打てと圧力をかけられていたのだろう。かつては高山もメディア側の人間で、そうした経験を嫌というほどしてきた。何か力になれればという思いもよぎったが、高山自身、どちらに転ぶのか分かっていなかった。

ボールパーク建設地問題は決定前日になっても確定情報がなかった。メディアには様々な憶測が乱れ飛んでいた。自治体を挙げて協力態勢を示してきた北広島になるだろうという先行報道もあれば、真駒内公園という候補地を挙げた以上は二〇〇万人都市の札幌に落ち着くはずだという見方もあった。どちらかと言えば、内心では札幌だと考えている人間の方が多いように感じられた。事実、記者が前沢にぶつけてきたのも「真駒内ですよね？」という問いだった。

だが、前沢は表情を動かすことなく歩調を緩めることもなく、ゲートの向こうへと消えた。前沢の胸には球団としての結論があるはずだったが、その結論も取締役会次第で却下される可能性があり、不安定な天秤に乗っているに過ぎなかった。確かなことは、東京へ向かう前沢と三谷はかつてないほど口数が少なかったこと。二人がまるで討ち入りをともにする同志のように、まったく同じデザインのカバンを背負っていたことだけだった。高山はその後ろ姿を眺めながら、新聞社にいた頃は味わったことのない種類の緊張を覚えていた。

高山が新聞記者を辞めたのは二年前のことだった。二〇一六年シーズン、ファイターズの担当記者として日本シリーズ制覇の原稿を書いたのを最後に退社した。ペンを置いた理由はいくつかあった。会社との関係に悩んでいたことも、マンネリに葛藤していたことも事実だ。ただ、一番の要因を挙げろと言われれば、それはファイターズという球団の引力だった。取材対象者として追い続けてきたゼネラルマネージャーの吉村浩や、しがらみを打ち破りながら新スタジアム構想へと突き進む前沢や三谷を見ていると掻き立てられるものがあった。それが具体的に何なのか、言葉にはできなかったが、もし彼らと歩みをともにすれば、人生の半ばを迎えたこの先にもまだ白紙のページが待っていて、見たことのない景色やストーリーを描けるような気がしたのだ。

とどまるか。踏み切るか。悩みに沈んでいたとき、前沢に声をかけられた。事務所脇の喫煙所で張り込んでいると、何気なく、こう言われた。

「高山くん、食事でもしようか？」

その夜、二人で繁華街の端にある小料理屋の暖簾をくぐった。グラスを合わせると、ストレートに問われた。

「それで……本気でうちに来る気ある？」

不思議だった。なぜ前沢は自分が人生の岐路に揺れていることを知っているのだろうか。相談を持ちかけたことはなかったはずだった。他の球団職員や報道関係者から聞いたのだろうか。あるいは自分の佇まいからそう察したのだろうか。

「ええ……」と言ったきり高山が黙って俯いていると、前沢は微笑んだ。

「高山くん、手伝ってくれないか？」

予期せぬ言葉に高山は顔を上げた。

「新しいスタジアム、一緒にやらないか」

前沢の眼は真剣だった。その瞬間、高山は初めて前沢から新スタジアム計画の存在を聞いた日のことを思い出した。吉村を張り込んでいて偶然掘り当てた巨大なニュースだった。おそらくメディアでは誰よりも先に嗅ぎつけた。だが、あの時、高山は紙面掲載を保留してほしいという前沢の依頼を受け入れた。たとえ一時であれ、最も大切にしてきたスクープへの執着を忘れたのだ。

一緒にやらないか――。前沢の言葉を耳にして、高山は自分の内面に気づいた。吉村にせよ、前沢にせよ、記者として接してきたこの球団の男たちは胸の中に未開地のような場所を持っていた。東京から北海道への移転を決断し、外国人指揮官を招聘《しょうへい》し、日本プロ野球の枠からはみ出した新庄剛志を新たな物語の主人公に据えた。ダルビッシュ有の異端も、大谷翔平の挑戦も受容し、海の向こうへと送り出した。そして今、ホームスタジアム札幌ドームに別れを告げ、前例のないボールパークへと舞台を移そうとしていた。高山はいつしか、既存の枠組みに挑んでいくような彼らの内面のフロンティアに惹かれていたのだ。

翌二〇一七年一月から高山は北海道日本ハムファイターズの一員となった。広報部員となり、ボールパーク計画にも携わることになった。それから高山の成すべきことは新スタジアム建設を報じることから、実現させることへと変わった。

――新聞紙面にも、各紙のサイトにも、建設地に関する目立った記事は出ていなかった。高山はひとつ息をつくと、ネクタイを締めて部屋を出た。それから品川プリンスホテルのアネックスタワーへ向かった。エレベーターを五階まで上がると複数の会議室が並んだフロアに出た。臨時取締役会はそこで開かれることになっていた。廊下はしんとして人影がなかったが、高山は柱や植え込みの陰を見てまわった。メディアの姿はなかった。

ふと、空港にいた記者のことが頭をよぎった。彼はどうしただろうか……。

札幌か、北広島か。前沢の胸中にある結論がどちらなのか、高山も知らなかった。前日の移動の機内でも訊けなかった。新聞記者時代であれば躊躇うことなく訊いていたはずだ。だが、今は同じ組織にいるというのに問わなかった。その必要がない気がした。それよりも、高山は広報部員として自分の仕事をしなければならないと考えていた。誰よりも早く会議室のあるフロアに来て報道陣の有無を確認したのも、そのためだった。

前沢と三谷が五階に現れたのは、それから三十分ほど経った頃だった。ホテルの大きな窓から差し込む朝陽に照らされた二人は張り詰めた表情をしていた。そして、やはり同じカバンを背負っていた。

「行ってくるよ」

前沢は高山にそう言うと、会議室へと続く薄暗い廊下の奥へと消えていった。三白眼の奥の瞳が微かに揺れていた。

――午前七時二十分　　北広島

柴清文は読み終えた新聞をリビングテーブルの上に置いた。それからゆっくりとタバコの火を消し、ブラック・コーヒーを飲み干した。カップが空になるのとテレビ画面の時計表示が出発の時刻を告げるのとは、ほとんど同時だった――いつも通りの朝の行動だった。

　北広島市役所に入庁したばかりの頃、当時の上司に口酸っぱく言われたことが三つあった。地元に住め。新聞を読め。上司より先に出勤しろ。自然とそれが柴の習慣になった。二十六歳で北広島に居を構えた。朝はタバコとコーヒーを道連れに地元紙に目を通し、どの課にいても、ほとんど朝は一番乗りで役所に着いた。そして企画財政部に異動してからは、これまでよりもさらに自宅を出る時刻が早くなった。部長の川村裕樹が七時半過ぎには出勤してくるからだった。

　玄関を出ると、柴は薄明の中を歩いた。市役所まで十分ほどの道の途中、西の方角に無造作に林立した木々が見える。半世紀あまり眠ってきた森だった。誰もが通りすぎるだけだったあの場所がプロ野球球団のホームスタジアムとなるか否か、きょう結論が出る。そう考えるといつも通い慣れた道が特別なものに感じられた。

　前日の業務終わり、川村が課員たちを前に言った。

「明日の昼までにはファイターズから連絡が来る。選ばれるにしても、選ばれないにしても——」

　不思議とそれを聞いても柴に悲壮感はなかった。運命の日を迎えてみて気づいたのは、街も自分もこの二年間で大きく変わったということだった。誘致に乗り出すと聞いた当初は諦めが先に立っていた。この小さな街にファイターズがやってくる可能性など、ほとんどゼロだと考えていた。だが、先頭を走る川村や、さらにその先を走るファイターズの前沢らを見ているうちに、いつのまにか柴自身も走り出していた。自分に何ができるか、そう考えた末に、毎年駅前で開催される祭り会場での署名を集めに参加した。市民には名前だけでなくメッセージも添えてもらって球団に提出した。署名集めを手伝っていると、多くの市民が自分と同じように、あまりに壮大なこの事業に対して不安を抱えていることが伝わってきた。とりわけボールパーク用の道路整備費用などで将来の市財政が圧迫されることを危惧しているようだった。柴はそうした小さな不安のひとつひとつを受け止めるため、市内全五地区をまわって説明会を開こうと思い立った。北広島市は他の都市と同じように人口減少の問題を抱えていた。何もしなければ、これから税収は減る一方だ。市はボールパークの固定資産税を向こう十年間は減免する方針だが、十一年目からは税収が入る。それ以上にボールパークが建設されれば企業が誘致され、ホテルができて、人口も増える。十年後を見れば税収が増えていく。市民ひとりひとりにそう訴えていく必要があると考えていた。

署名集めも地区ごとの説明会もプロジェクト全体から見れば小さな歩みなのかもしれない。野球で言えば、二番バッターの送りバントや進塁打のような仕事なのかもしれない。だが、そうやってつなぎ役として誘致に関わり市民と向き合ううちに、柴自身がこのプロジェクトに可能性を見出すようになっていた。

企画財政部の自分のデスクに着いたのは午前七時半だった。ほどなくして川村が現れ、他の課員たちもいつもより早くやってきた。柴は庁舎全体に漂っている特別な空気を感じ取っていた。課員がそろうと川村は七つ並んだ会議室のうち、最も陽当たりの良い部屋に全員を集め、レポート用紙を配った。この日、それぞれがどう行動するか、そのスケジュールと役割が記されていた。そして、レポート用紙は二種類あった。北広島が建設地に選ばれた場合と、選ばれなかった場合である。

庁舎に来るまで、柴は内心で淡い期待を抱いていた。

あるいは川村だけにはもう結論が伝えられているのではないか？

それは北広島にとって朗報なのではないか？

だが、二通りのレポート用紙と川村の硬い表情を見て、まだ何も決まっていないことを悟った。柴は会議室の壁にかかっている時計を見た。東京で、日本ハムの取締役会が始まる頃だった。札幌か、北広島か。命運が決まろうとしていた。

――午前八時半　東京

取締役会が行われるホテルの会議室には、季節に合わせたかのような花の名がつけられていた。窓の外は朝陽に輝いていた。ただ、室内は春の穏やかさとは裏腹な重苦しい空気に包まれていた。長テーブルにはスーツ姿の男たちが顔を揃えていた。日本ハム臨時取締役会。その最初の議題がファイターズのボールパーク建設候補地決定であった。

取締役九名、監査役五名、ファイターズ球団から三名、計十七名の出席者の中に大社啓二がいた。取締役専務としての出席だった。大社はぐるりと並んだ椅子の一つから部屋全体を俯瞰していた。取締役たちの厳しい顔や、その手元に置かれた資料、前沢と三谷の強張った表情など目に見えるものだけでなく、部屋の空気そのものを見渡していた。肩書きがどうあれ、場がどこであれ、大社は空を舞う鳥のような視点でものを見ることを習慣づけていた。それは養父であり、日本ハム創業者である大社義規の影響だったかもしれない。

徳島で食肉加工工場を起こし、一代で日本最大の食肉メーカーを築き上げた父は大社の目から見れば〝働かない人〟だった。動かない人と言った方が良いかもしれない。自分が動きまわるのではなく、人を動かした。

「政治でもビジネスでも、責任者の席がなぜ他の者より高いところにあるか分かるか？」

父はよく大社にそう問うた。

「遠くを見るためだ。トップは小さなゴミを見つけて拾うためにいるのではない。大局観を持つためにいるんだ。トップが下を見たら、その下の者はさらに下を向く。その下の者は何もしなくなる」

だから日本ハムに入社し、代表取締役社長を務める中、大社の視線も常に大局に向けられてきた。ボールパーク計画についても自分の役割は直接に関わることではなく、広く遠くまで見渡すことだと考えていた。

北海道へ移転した当初、オーナーだった大社はすでに球団理念に沿ったホームスタジアム構想を抱いていた。札幌ドームに受け入れてもらうことはできたが、いずれは野球を観るためだけではなく、人と地域を繋ぐ空間を自分たちで運営していかなければならないと考えていた。二〇一四年に札幌で開かれた地元新聞社主催のフォーラムでは天然芝球場と少年野球場、多目的アリーナや商業施設を札幌ドーム周辺に造る構想を示した。そこには円山公園の陸上競技場を活用した総合スポーツ施設のイメージも含まれていた。

ただ、大社の構想はあくまで行政が建てた施設をベースにしたものだった。本社の負うリスクをゼロにしたかったからだ。背景には本社の代表取締役社長として経験した二〇〇二年の牛肉偽装事件があった。国内での狂牛病発生をきっかけに、食肉メーカーの補助金不正受給問題が相次いで発覚したあの事件である。当時、大社にはルールを破ったという感覚はなかった。だが、現実には民法四〇〇条・善管注意義務違反にとわれた。

『特定物の引渡し義務を負う者はその引渡しが完了するまで、その特定物を善良な管理者の注意義務をもって保存しなければならない』

あの事件を思い起こす度、後悔に襲われた。他企業による不正受給が発生した後、政府の要請で業界各社が自主検査を行った際に、なぜ自ら子会社の冷凍庫を開けて確かめなかったのか。なぜ病巣が自分たちの足元に迫っていると疑わなかったのか。

落とし穴は自分が見えないところに潜んでいる。社長の座を降りることになったこの事件で嫌というほど思い知らされた。以来、大社は執拗なまでのリスクヘッジを自らに課すようになった。球団理念の具現化は常に頭にあったが、あくまでリスクの低い公設民営ボールパークの域を出なかったのはそのためだった。

ところが前沢と三谷はリスクに挑むように自前の新スタジアム計画を出してきた。周囲の制止を振り切るように突き進んできた。大社も心のどこかで分かっていた。理想というのは、彼らのように胸に青い部分を宿した者でなければ実現できない。前沢が球団を飛び出した後、頻繁に会いに行ったのも、ファイターズにとって必要な男だと感じていたからだった。

彼らはリスクを怖れなかった。その本当の怖ろしさを知らないとも言えた。ならば自分が鳥の眼をもって、彼らの行く道にある落とし穴を見つけ示してやればいい――大社はずっとそう考えてきた。

取締役会は定刻通りに始まった。冒頭、本社側の説明者から球団の選んだ建設地について報告があった。続いて前沢が取締役たちの手元に配った評価表に基づいて候補地選定の理由と経緯を説明した。質疑が始まったのはそれからだった。球団の提案が承認されるのか、突き返されるのか、あるいは反対側へと覆るのかが決まる場面だった。その証拠に会議室の空気は質疑に入った途端、緊迫の度を増した。

口火を切ったのは大社だった。自治体側が球団に求めるものがあるように、ファイターズ側から自治体に求めていた条件もあった。もし万が一、その課題を自治体がクリアできなかった場合にはどうするのか？　そこを指摘した。

大社の視線の先には前沢がいた。立場を超えて球団とボールパーク計画について議論してきた男にあえて質問の矢を放った。大社が指摘した自治体側の課題とは、主に固定資産税の減免を指していた。本社の出資リスクを左右する要件だった。実行できるか否かで計画が頓挫する可能性もある。実務者たちにとって最もナイーブな部分だった。

前沢は少し考えてから答えた。課題については自治体の長から了承の返事をもらっており、実行されない可能性は低いこと、だが、もし実行されなかった場合は再度、取締役会で諮ってもらう必要があることを強張った表情で説明した。

行く道の暗がりに潜んでいるリスクを指摘する者と、それを踏み越えて航路を見出そうとする者とのやり取りだった。

静寂の中、大社は次の問いを投げた。

今度は札幌市と北広島市、二つの自治体の評価についてだった。具体的にどこにどんな違いがあるのか、とりわけ球団が選んだ自治体が劣っている部分はどこか——落ち着きかけていた天秤をあえて揺らすような質問だった。

前沢はやはりわずかな思考の間を置いて答えた。

札幌市の年度財源が一兆円規模であるのに対して北広島市は約二五〇億円であり、財政基盤や自治体そのものの評価では札幌市が上まわっていること、一方で自治体の協力体制という面では逆に北広島が札幌を上まわっていることなどを硬い口調で説明した。

足下の薄氷を叩くような二人の応酬を他の役員たちがじっと見守っていた。ベースボール事業にグループ史上最大の投資をするべきか否かを見極めようとしていた。

張りつめた空気の中、大社の胸にはひとつの感慨が押し寄せていた。長年、日本ハムの本社内ではベースボール事業は創業家の領域であると考えられてきた。一九七三年に日拓ホームフライヤーズを買収した当初から、野球愛好家である創業者の道楽と捉えている社員も少なくなかった。本体や本業とは切り離して考えられてきた。それが大社には疑問だった。代表取締役社長だった当時、社員たちにこう言ったことがあった。

「もし球団を持っていなかったら、うちは他の会社と同じように肉屋であり、ハム屋だ。うちが他の企業と違うのは球団を持っているからなんだ」

大社は父の晩年、残された時間をともに過ごすため兵庫県の芦屋に邸宅を建てた。父は神戸港と大阪湾が見渡せる三角屋根の部屋が好きだった。その窓からよく外を眺めていた。広く遠く世界を見通すような視線だった。

大社はずっと考えてきた。父がファイターズを持ったのはなぜか。この球団の未来に何を見ていたのか。その答えを今、本社の取締役と球団の職員とがともに考えている。そこに感慨を覚えたのだ。

三谷仁志は揺れる天秤の上にいた。現実には会議室の絨毯の上に立っているのだが、それほど心は不安定に行ったり来たりしていた。目の前で繰り広げられているのはボールパーク建設地を決定する会議だった。ファイターズとしての結論を出し、それに関する資料も提出した。この日のために自治体との協議を二年間続けてきた。本社に幾度となく足を運び、取締役たちへの説明と根回しもしてきた。あとは了承を得るだけのはずだった。

ただ、運命の日を迎えてみると、足下の氷はこんなに薄かったのかと思わずにいられなかった。

——本当にその場所で大丈夫なのか？

会議室に九人いる取締役の中から一つでもそうした発言が出れば、結論は呆気なくひっくり返ってしまいそうな気がした。それだけ、あらゆることが不確定だった。

冷静に商業圏ということで考えれば、札幌か北広島かという市町村の境界線はあまり意味を持たないはずだった。だが、多くの人間がそうした感覚は持ち合わせていなかった。こちら側とあちら側。大都市と地方都市。心の中に見えない境界線を引いていた。その狭間で天秤は激しく揺れ動いていた。

眼前では大社と前沢のやり取りが続いていた。途中、監査役から資料について質問があったものの、会議室にはほとんど二人の声だけが響いていた。大社の問いは鋭利で、少しでも前沢が答えに窮すれば天秤は自分たちが望む反対側へと傾いてしまいそうだった。

一体、何が目的なんだ……。三谷は大社の真意を測りかねていた。球団と本社で組織したタスクフォースチームの一員としてプロジェクトを成功に導いてくれる存在かと思えば、会議では急所を突くような問いを投げてくる。敵なのか味方なのか、分からなかった。

三谷は会議室を見渡した。他の取締役たちは大社と前沢が対峙するのを見守っていた。

その中に代表取締役専務の川村浩二もいた。

「私は反対だから――」

初めて顔を合わせた時に面と向かって言われた。誰よりもプロジェクトに対する厳しい眼を持ったこの人を説得しなければ道は開けないと考えてやってきた。その川村は冒頭から沈黙を保ったままだった。大社が放つ質問の矢と、取締役たちの不気味な沈黙の中、三谷は耐えるしかなかった。

どれくらい時間が経っただろうか。一月に就任した代表取締役社長の畑佳秀が言った。

「他にご質問ないでしょうか？」

三谷は身を硬くした。

「それでは候補地選定に関しては、これで承認ということでよろしいでしょうか？」

三谷は祈るように会場を見渡した。取締役たちは口を閉ざしていた。川村もじっと前を見つめたままだった。祈る三谷には、その時間が永遠のように感じられた。

――午前九時　札幌

秋元克広は自らに向けられた無数のレンズに気が付いていた。この日は朝から札幌ドームのある豊平区の月寒地区にいた。札幌市長として、ある施設の開場セレモニーに出席するためだった。

会場には多くの報道陣が集まっていた。セレモニーのためではなく、秋元の顔が目当てだった。ファイターズが札幌から流出するか否か、ボールパーク建設地についての結果が出た瞬間の市長の表情を狙っていた。

結局、適地を見つけることはできなかったのか……。秋元の胸に苦味が込み上げた。最終的に真駒内公園を建設地として提案したものの、最後まで賛否は割れたままだった。球団が求めた行政サポートについても具体的な内容については建設地に決まってから検討しなければならないことが多かった。つまり北広島市のように決定前の段階から明確な返答はできなかった。

思うように身動きできない札幌市の苦境はメディアを通じて市民にも伝わっていた。一カ月以上前から幾つかの新聞には建設地が北広島になる可能性が報じられるようになっていた。希望を抱いてこの日を迎えたとは到底言えなかった。

秋元のいるセレモニー会場からわずか二キロほど東には札幌ドームがあった。現存するスタジアムとまだ見ぬボールパーク。秋元はその狭間で人間とはいかに形あるものに囚われる生き物であるか、目に見えないものを想像することがいかに難しいものであるかを思い知った。

ただ、この日を迎えるにあたって、ひとつ心に決めていたことがあった。どんな結果になろうとも俯くことだけはすまい。そう自分に言い聞かせていた。交渉担当者の浦田洋も、村瀬利英も、やれるだけのことはやってきた。他に何ができただろうか。だから、市長たる自分が俯いてはいけないのだ。

セレモニーは予定通りに進んでいった。カメラはそれとは無関係に、ずっと自分に向けられたままだった。秋元は顔を上げて無数のレンズを見つめた。

式典を終えると、秋元は公用車に乗り込んだ。市庁舎で次の仕事が待っていた。この日もいつものようにスケジュールが埋まっていたが、じっと前沢からの連絡を待つよりは良い気がした。時計を見ると午前十時に差し掛かる頃だった。胸が少しざわめいた。

そろそろ、取締役会が終わる頃か……。

秋元を乗せた公用車は国道三六号を中心街へと向かっていた。おそらく一日中、カメラに追いかけられるだろう。何が起ころうと、どんな状況だろうと顔を上げていよう。秋元はもう一度、自分に言い聞かせた。

――午前十時　北広島

北広島市役所の新庁舎は二年前に完成したばかりだった。部署ごとに建物が分かれていた旧庁舎からモダン建築の吹き抜け構造に生まれ変わった。それによって各部署からも、来庁した市民からも、ほとんどあらゆる場所から互いの顔が見えるようになった。そのガラス張りの庁舎の中で、企画財政部長の川村裕樹はかつてないほど多くの視線が自分に注がれているのを感じていた。

朝、自宅を出て最初の角を曲がったところからテレビカメラが待っていた。「いよいよ、今日ですね――」

出勤すると待合スペースに報道陣があふれていた。仕事の合間に席を立つたび「ファイターズから連絡はありましたか?」と問われた。ずっとカメラのレンズに見張られているような気分だった。来庁した市民の視線も自然と川村に向けられた。あらためて、自分が関わっているプロジェクトの大きさを思い知らされた。

川村のデスクは企画財政部のシマの一番窓側にあった。整然とした机の上にはパソコンと携帯電話が置いてあった。いつもはパソコンの画面にだけ意識を向けているが、この日は朝から否応なく携帯電話に目がいった。

「明日の午前中には連絡させてもらいます」

ファイターズの前沢からそう告げられたのは前夜のことだった。球団としてボールパーク建設地に一つの結論を出したが、それは取締役会の行方次第でどうなるか分からないということだった。いずれにしても、会議が終われば前沢から川村のもとへ直接電話がくることになっていた。この小さな街にプロ野球が本当にやってくるのか、あと数時間のうちに決まる。

「どこで何をやるかではなく、誰とやるか――」

二月のシンポジウムでの前沢の言葉は胸に残っていた。

――あれは川村さんのことではないですか？

周囲からはそう言われたこともあった。ただ、川村にその確信はなかった。前沢に確かめてみようとも思わなかった。不思議だったのは運命の日が近づくにつれて、川村の胸中が結果を超越し始めたことだった。もちろん北広島が建設地であってほしいと強く願ってはいた。だが、もし選ばれなかったとしても、前沢たちの思い描くボールパークが一〇〇パーセント実現できれば、それでいいのではないかとも思うようになっていた。札幌ドームというホームスタジアムがありながら、そこを飛び出して新スタジアムを建設する。それだけでも前沢と三谷は多くの批難を浴び、懐疑の目に晒されたはずだった。その上、人口六万人に満たない地方都市を候補に挙げた。自治体で働く自分たちよりも、よほど大きな決断を彼らはしてきたのだ。それを思えば、自分の願望が叶うことよりも、彼らの理想が実現されることの方が重要である気がした。十八歳の夏にとらわれていた、自分が打たなければならないという執着は消えていた。

一方で、川村はこの日までにプロジェクトの成否に対して、ある覚悟を決めていた。前夜、夕餉の卓で家族に切り出した。

「明日、もしだめだったら……この立場にはいられないと思う。市役所を辞めなければいけないと思う」

　テーブルに重たい沈黙が流れた。ボールパーク誘致活動の途中から考えていたことだった。市長の上野正三から担当責任者を任せられ、半信半疑だった部員たちや市議会議員たち、市民をも巻き込んできた。多くの人々の胸に、もしかしたら、という期待を生み出した責任は取らなければならなかった。辞表の用意はできていた。

「大丈夫だよ……。市役所辞めても、バイトでも何でも仕事を探すから」

　冗談めかした川村の言葉に妻子は黙って頷いた。そうする他にはないようだった。家族を巻き込んだ罪悪感が微かに胸を刺した。

　そして、この日の朝、玄関を出る前に妻から呼び止められた。差し出されたのはブルーのネクタイ。光沢のある鮮やかな青だった。川村がいつも着ている白いシャツに合わせると、そのまま北海道日本ハムファイターズのチームカラーになった。この日のために用意していたもののようだった。

「結果が良くても悪くても、カメラの前に立つんでしょう」

　かつて北広島市役所の同僚だった妻はそう言って笑った。川村はその言葉に背中を押されたような気がした。

　――机の上の携帯電話が鳴ったのは午前九時半を少しまわった頃だった。その瞬間、フロアにあった喧騒がぴたりと止んだ。静寂の中、川村は電話を手に取った。そのままデスク脇の柱の陰に移動した。胸の鼓動を感じた。

「はい、川村です」

声を潜めて出ると、通話口の向こうで耳慣れた声がした。

「前沢です」

小さく喉が鳴った。イエスか、ノーか。この街の未来図が決まる瞬間だった。

「川村さん……」

前沢はひとつ息をつくと、いつもの低音で言った。

「北広島を建設地にすることが承認されました——」

青いネクタイが微かに揺れた。何かが全身を突き抜けていった。いつかどこかで味わったことがあるような、いや、それよりもさらに深く染みわたるような感覚だった。

前沢は続けた。

「これから帰って、そちらに向かいます。夕方になると思います」

川村は込み上げるものを抑えて「わかりました」とだけ答えた。震える手で電話を切ると、そのまま市長室へ向かった。誰よりも先に上野に報告しなければならないと思った。

フロアを突っ切る足が急いた。

途中で報道陣に呼び止められた。

「川村さん、ファイターズからの連絡ですか？」

居合わせた市民や課員たちの視線が自分に注がれているのが分かった。川村はなるべく表情を動かすことなく言った。

「はい。ファイターズさんから、これからこちらに結果を報告に来ると、そういう連絡がありました」

それだけ言うと、フロアを突っ切った。ボールパーク建設地が北広島に決定したという情報は午後五時に球団から発表されるという。それまでは部外に気付かれるわけにはいかなかった。ただ本音を言えば、叫び出したい気分だった。先ほどよりさらに速くなった胸の鼓動が他者に聞こえてしまうのではないかと不安になった。川村は感情の表出を抑え、ひとり小さな街に起きた奇跡を嚙み締めた。抑制しようとすればするほど、内面の叫びは胸の中で大きく反響した。

――午後三時　札幌

高山通史はタクシーの助手席にいた。沈黙の車内にはカーラジオの音だけが響いていた。一曲流れる度、フロントガラスの向こうに見える札幌市の街並が大きくなってきた。やがて曇天を突き刺すようなテレビ塔の頭が現れ、ビルの中に横たわる大通公園の緑が見えてきた。車内の空気は札幌の気配とともに重たくなっていった。バックミラーをのぞくと、後部座席では前沢と三谷がシートに沈んでいた。二人とも硬い表情で押し黙っていた。

臨時取締役会が行われた東京・品川のホテルを出たのが午前十時前だった。そこから羽田空港へ向かい、新千歳行きの便に飛び乗った。そして今、高山を含めた三人は空港から一路、札幌市役所へと向かっていた。札幌市が提案した真駒内公園はボールパーク建設地に選ばれなかった――その結果を報告するためだった。

取締役会を終えた直後は二人の顔にも安堵の色が浮かんでいた。会議室を出てきた前沢は高山を見つけると、「終わったよ……」と深く息をついた。珍しく三谷の頬が紅潮していた。高山はそれを見て、はじめて前沢に訊くことができた。

「建設地は北広島ですか？」

実務者協議を重ねている段階から、前沢と三谷ならそう決断するのではないかと思っていた。ボールパーク構想の責任者は「そうだよ」と高山に頷くと、微笑んだ。

だが、そこから飛行機に乗り、札幌へ近づくにつれて、二人からは笑みも言葉も消えていった。無理もないだろう。札幌市長の秋元克広も、交渉担当者の浦田洋と村瀬利英もこの二年間、同じゴールをめざして協議を続けてきた相手だった。その同志たちにどんな顔で、どんな言葉をかければいいのか。前沢も三谷もその憂鬱に沈んでいるのだ。高山はやり切れない気持ちになった。そして、ふと気づいた。そういえば、朝からほとんどタバコを口にしていなかった。自分も前沢も日に二箱は空けるスモーカーだったが、この日はどちらも羽田空港で一度、喫煙所に寄ったかどうかであった。それほど、あらゆることが慌ただしく、重たく、そして張り詰めていた。

タクシーは交差点を幾つか通過すると、速度を落として灰色の札幌市庁舎前に停まった。天井の高い玄関ホールにはテレビ局のカメラマンが待ち構えていた。

「いま、ファイターズの職員が来ました！」

アナウンサーだろうか、取材記者だろうか、カメラに向かってそう叫んだ。どうやら前沢たちの来庁は実況中継されているようだった。前沢はレンズを一瞥もすることなく足早にエレベーターに向かった。そして、低く唸りをあげながら上昇していく四角い密室でも、じっと前だけを見つめていた。

浦田と村瀬が待つ十階に到着すると、さらに異様な光景が広がっていた。エレベーターホールには身動きができないくらいの報道陣がひしめいていて、扉が開くと同時にいっせいにフラッシュが光った。

「もう決断されたのでしょうか！」

レポーターらしき人物が前沢の口元にマイクを差し出した。前沢は無言のまま人だかりの中を突っ切った。その背中にさらに無数のフラッシュが浴びせられ、幾つかの質問が投げられた。

すでに報道陣の間には「北広島に決定」という情報がどこからか、もたらされているようだった。なぜ、札幌を出ていくのか——前沢に向けられた視線や質問はそんな棘《とげ》を孕んでいた。高山にも覚えがあった。集団に背を向ける者や流れに逆らう者に向けられるあの視線である。そして、おそらくその反動はこれから記者会見をする市長の秋元や浦田や村瀬にも向けられるのだろう。

まるで何か罪を犯したみたいではないか……。

巨大なプロジェクトの前ですれ違うことになった男たちを見ながら、高山は居た堪《たま》れなくなった。

――午後四時半　　北広島

杉原史惟は五階建ての北広島市役所庁舎内を慌ただしく行き来していた。夕刻から行われる市長会見のために机や椅子、会見用のバックパネルなどを会議室に運び込んでいた。数人の課員とともに淡々と作業をしていた。だが内心では、感情を押し殺そうと努めなければ、叫び出してしまいそうだった。

部長の川村からメールが届いたのは午前十時過ぎだった。杉原はちょうどそのときポケットから一枚の紙片を取り出して、見つめていたところだった。この日の朝、川村から配られた二種類のレポート用紙、そのうちの〝選ばれた方〟だけを何度も何度も眺めていた。そこへメールの通知があった。

メッセージはボールパーク誘致に関わってきたメンバーだけに宛てられていた。杉原は周りをうかがってからそっとメールを開いた。画面に現れた文字に鼓動が速くなった。

『内定連絡あり！』

表題にはそう書かれてあった。文字列から感情が伝わってきた。

『これまでの苦労に感謝します。

今、無事に内定を頂きました。

これからが大変です。

北広島の歴史を塗り替えましょう。

まずは、ありがとうございます！』

杉原は短い文面に見入った。それから横目で窓側の席にいる川村を見た。いつもの姿だった。おそらく誰よりもこの結果を願い、信じてきたであろう男は表情を変えることなく執務を続けていた。どんな結果になろうとも午後五時の発表までは外部に漏らしてはならない——川村からはそう告げられていた。だから杉原はもう一度、紙片を取り出した。行動表に記されたスケジュールを確認すると、自分のやるべきことを始めた。

記者会見場のセッティングを終えると、杉原は企画課の自分の机に戻った。夕刻の発表までにもう一つ、やらなければならないことがあった。庁内放送用の原稿執筆だった。本来なら誰がやってもいい仕事のはずだったが、レポート用紙にはなぜか杉原の担当として記されていた。

三階フロア南端の扉を開くと、電話交換室という部屋がある。そこには常時二、三人、専門の女性スタッフがいて、市民からの電話を受けたり、館内放送を担当していた。各部署の職員は庁内放送すべき案件があると、原稿を書いて電話交換室に持っていくのだ。杉原はかつて何度か書いたように、手際よく放送原稿をまとめた。それをプリントアウトして川村のデスクへ持っていった。

「庁内放送の原稿ですが、これでよろしいでしょうか？」

川村は原稿を手にすると文面に目を通した。そして顔を上げると、ゆっくりと首を横に振った。

「違う。これは交換手さんが読むんじゃない。お前が読むんだ。そのように書き直せ」

杉原は思わず、「え……」と声をあげた。

庁内にいる市民や市長も耳にする公式放送を、専門スタッフではなく一課員が読み上げる。入庁以来、そんな事例はまず目にしたことがなかった。戸惑う杉原に向かって、川村は少しだけ微笑むと、もう一度言った。

「杉原、お前が読むんだ」

四肢を駆け巡るものがあった。単なる事務的な放送ではなく思いを込めろ――熱を伝えろ――川村はそう言っているのだ。

「ありがとうございます」

杉原は頭を下げると、もう一度、パソコンに向かった。

三階フロアがどよめいたのは午後五時を少し過ぎた頃だった。原稿を書き終えた杉原が顔を上げると、カメラのフラッシュがいくつも光っていた。報道陣や市民の人だかりの中をスーツ姿の男たちが歩いてきた。前沢と三谷であった。北風と太陽のような風貌の対比は変わらなかったが、二人はいつもより険しい表情をしていた。そして、前だけを見つめて上野正三の待つ市長室へと入っていった。

杉原はその光景を見て気づいた。これはゴールではなくスタートなのだ……。前沢も三谷も幾重にも絡まったしがらみや批判を振り切って、ここまで走ってきた。そして、その疾走はこの先も続くのだ。二人の表情が物語っていた。

杉原はフロアの喧騒を横目に、ひとり電話交換室へと向かった。短い廊下の奥に扉がある。防音の部屋に入ると、外部の音は聞こえなくなった。杉原は完全に外から遮断されたその空間で自ら書いた原稿を広げた。そして息を吸い込むと、放送マイクのスイッチを押した。

『職員及び来庁者の皆様にお知らせいたします――』

館内に響いているであろう放送音は杉原には聞こえていなかった。果たして自分の声は届いているだろうか……。不安を抱えたまま、微かに震える声で続けた。

『本日、北海道日本ハムファイターズから、ファイターズの新球場建設地が、きたひろしま総合運動公園予定地に内定した旨の連絡を受けました。市は今後、ボールパークの実現に向け、引き続きファイターズと協議を進めてまいります』

杉原はこの街の人々の顔を浮かべながら原稿を読んだ。それから交換室を出ると、廊下を突っ切り、怖る怖るフロアに通じる扉を開けた。眩しい夕陽とともに視界に飛び込んできたのは、かつて見たことのない光景だった。各部署の職員全員が立ち上がっていた。杉原に向かって拍手をしていた。その向こうには来庁していた市民の笑顔が見えた。

もし奇跡というものが存在するとすれば、おそらく自分は今、その中に立っている……。

杉原は目の前の景色を心に焼きつけておくために、しばらくその場に立ち尽くした。

——午後八時　札幌

前沢を乗せた車が札幌市豊平区の羊ヶ丘に着いた頃、辺りは完全に暗くなっていた。ファイターズ球団事務所にはまだ灯りがあり、夜の闇の向こうで巨大な札幌ドームの屋根がオフィス棟を見下ろしていた。

事務所の扉を開けると、フロアにはまだほとんどの職員が残っていた。前沢が三谷と高山とともに戻ってきたのを見つけると、職員たちの反応は様々に分かれた。「お疲れさん」と迎える者もいれば、怪訝そうな顔をする者もいた。そして多くの職員は遠巻きに眺めていた。無理もないと前沢は思った。ボールパーク計画は球団内でも秘され、限られた者たちの間で進められてきたのだ。そして何より、札幌ではなく北広島を選んだという決断に疑問を抱いている者は球団内にも多いようだった。

オフィス内にいくつかあるテレビでは地元局のニュース番組が流れていた。ボールパークの建設地問題がトップで扱われていた。

「ファイターズの新球場構想、ついに建設地が決定です」

キャスターはそう前振りすると、声のトーンを上げて結果を伝えた。

「球団は本拠地を今の札幌ドームから真駒内ではなく、北広島に移すことを決めました――」

「真駒内ではなく――」という言葉に驚きの色が込められていた。世間からも球団内からも注がれる視線は同じだった。

なぜ、あらゆる機能を備えた大都市ではなく、人口六万に満たない地方都市を選んだのか？　人々の視線はそう問いかけていた。

確かに野球専用スタジアムを建設する場所として、札幌の人口、交通網は重要な要素だった。だが、地権者や住民の反対がある以上、このボールパークの核である拡張性が消えてしまう可能性があった。求めていたのはすでに整備された基盤ではなく、広大で自由なキャンバスだった。

激しく揺れ動いた一日を終えて、前沢にはあらためて気づいたことがあった。振り返ってみれば自分たちはただ真っ直ぐに歩いてきただけだった。イメージの中にあるスタジアムを、ボールパークタウンを、一ミリたりとも削ることなく現実のものにする。それが可能な場所を探してきただけだった。そして、その胸中を明かしたところで人々の疑問が解消されないことも分かっていた。

テレビのニュースでは悦びに沸く北広島市の様子に続いて、札幌市長の姿が映し出された。秋元克広が誘致に敗れた自治体の長としてマイクの前に立ち、カメラのフラッシュを浴びていた。前沢が札幌市役所を訪れた際に結論を伝えたのは副市長と浦田と村瀬であり、秋元とは顔を合わせていなかったが、その後、市庁舎で記者団の取材に応じたようだった。

「結果として、残念ながら、札幌市内にということは叶いませんでした。非常に残念であるという思いでいっぱいです」

そう切り出すと秋元は目を伏せた。そこへ間髪入れずに報道陣からの質問が飛んだ。

――なぜ札幌市はファイターズの新スタジアム建設地に選ばれなかったのか。

問われた秋元は顔を上げると、こう言った。

「私どもの提案にはやはり……北広島市さんと比べると制約の部分があったのかなと、そう感じております」

どこかで、こうなることを予見していたような淡々とした口調と表情だった。その空気は市庁舎で顔を合わせた浦田と村瀬から感じたものと同じだった。取締役会の結果を伝えると、二人は「そうですか。分かりました」とだけ言った。前沢も三谷もそれ以上、何も言えなかった。

画面の中の秋元は最後に前を見据えると、集まった記者たちやその向こうにいる市民に訴えかけるようにこう語った。

「北広島市は札幌圏ということでもございます。ぜひ、アジアナンバーワンのボールパーク、素晴らしい球場を実現させて欲しいと願っております」

その言葉は巨大な自治体という組織の中で、人間が生み出した見えない境界線の中で戦う男の叫びのように聞こえた。同じゴールをめざした自分たちへのエールのようにも感じられた。前沢はテレビに映る秋元をじっと見つめていた。そしてやはり、ファイターズは前に進むために札幌ドームを出るしかなかったのだと、思うことができた。

ふと隣を見ると、ネクタイを少し緩めた三谷が椅子にもたれてテレビ画面を見上げていた。顔には微かな苦笑いがあった。疲労と安堵と不安と期待とが等分に入り混じったような複雑な表情だった。貼り付けたようないつもの笑みとは少し違っていた。

前沢の脳裏には二人で計画を話し合った、あの夏の日のことがよみがえっていた。四十二ページの資料を完成させたあの日から真っ暗な中を走ってきた。立ち止まることはあったが、後ろを振り返らずに突っ走ってくることができたのは最初から最後まで隣を走る相棒の姿があったからだった。どんなコミュニティにいても自分が嵌まっていないのではないかという疎外感と孤独を抱いてきた前沢の人生で、そんなことは初めてだった。

フロアの時計を見上げると、午後八時をまわっていた。随分と長い一日だった。不安定で重たくて、そして悪くない一日だった。あらゆることに決着をつけたような日の最後に、ひとつだけやり残していたことを思い出した。

前沢は三谷に見えないようにカバンを開けると、そっと紙の包みを取り出した。中には二本のネクタイがあった。一本はシックな紺色、もう一本は鮮やかな藤色であった。この日のために、あらかじめ用意しておいたものだった。前沢は三谷にネクタイを差し出すと言った。

「これ、明日の記者会見に締めていければいいなと思って……。どっちがいい？」

翌日、前沢と三谷は札幌市内のホテルで行われるボールパーク建設地決定の記者会見にそろって登壇することになっていた。選手たちの戦闘服がユニホームならば、事業マンのそれは背広であり、ネクタイであった。

三谷は驚いたような顔をしていた。それから二本のネクタイと前沢の顔を交互に眺めると、照れたように言った。

「こっち、ですかね」

案の定、三谷は目立たない紺色の方を選んだ。これまで通り、一歩下がろうとしていた。だから、前沢はわざと顔をしかめてみせた。

「そういう色はいつもしているでしょう。だからだめ。はい、こっち」

そう言って、前沢は鮮やかな色彩の方を手渡した。三谷は困ったような顔をしていた。自分のイメージではないと考えているようだった。

ただ、前沢はあらかじめ三谷には藤色のネクタイを渡そうと決めていた。高貴な色。敬意の色。そこに込めた思いがあった。

あなたがいなければ辿り着けなかった――。

そんな思いを知ってか知らずか、三谷はネクタイを手にすると「派手じゃないかな」と困ったように眉尻を下げた。前沢には分かった。それは三谷が本当に笑っているときの顔だった。

エピローグ

出発の朝は雪だった。前沢賢は札幌市中央区のマンションを出ると車に乗り込んだ。かつての外国産車はファミリー向け国産車に変わっていた。エンジンをかけると、排気が凍てついた空気の中で白煙となった。

二〇二二年十二月二十九日、まもなく新しい年が明けようかというこの日、前沢は札幌から北広島へ向かおうとしていた。完成したばかりの北海道日本ハムファイターズの新しいホームスタジアム「エスコンフィールド北海道」に球団職員たちの荷物が運び込まれることになっていた。ほとんどの職員は年が明けてから引っ越し作業をする予定だったが、前沢はひとりスタジアムに足を向けた。建設地決定の日から三年と九カ月が経っていた。

国道三六号にはすでに車が連なっていた。凍結した路面を車列がのろのろと進んでいく。札幌市中心街から東へ向かう途中、道道一八号とぶつかる交差点で札幌ドームが見えた。もうここに戻ってくることはないだろう……前沢は心の中で慣れ親しんだホームスタジアムに別れを告げた。雪は収まる気配がなかった。勢いを増してフロントガラスに張り付き、視界を遮った。塵を含み土にまみれた積雪と部分的に剥き出しとなったアスファルトが生み出す灰色の景色の中、前沢は発進と停止を繰り返した。交差点でブレーキを踏む度、タイヤがズルズルと危うい音を立てて滑った。その道程はまるでボールパーク計画を立ててからの十数年の歳月を辿っているようだった。先は見えず、一歩踏み外せば周りに渦巻く闇に取り込まれてしまいそうな道だった。そして竣工を迎え、全てが新しくなるはずのこの日になってもまだ、前沢は思うに任せない薄闇の中にいた。前日、札幌ドームの球団事務所で過ごした最後の日、前沢は本社側の聴取を受けた。新スタジアムのファウルゾーン問題についてだった。

発端はふた月ほど前に東京で行われたプロ野球十二球団代表者会議だった。ファイターズはその席で、日本野球機構から公認野球規則違反の指摘を受けた。同規則には本塁からバックネット側フェンスまで六十フィート（約十八メートル）以上が必要とあるが、エスコンフィールド北海道は五十フィート（約十五メートル）で設計されているというものだった。指摘は事実だった。

アメリカ大リーグの公式規則『OFFICIAL BASEBALL RULES』にはホームベースからバックネットフェンスまで「六十フィート以上を推奨する（recommended）」と記されている。実際に大リーグ三十球団中二十八球団の本拠地は六十フィート以上に満たず、グラウンドと客席が近いことによる臨場感を売りにしていた。エスコンフィールドの設計を担当したアメリカHKS社も前沢も、その解釈のままプロジェクトを進めた。だが、アメリカの公式規則を翻訳したとされる日本の公認野球規則には「推奨する」ではなく「必要とされる」と記載されており、そこが指摘の対象となったのだ。また、なぜ設計の段階で日本野球機構に報告と確認をしなかったのか、とも質された。

『ファイターズ新球場、規則違反』

ニュースのヘッドラインはすぐさま世の中に広まった。インターネットやSNSを通じて全国を駆け巡った。それを受けて球団社長のみならず、オーナーであり、本社の代表取締役社長である畑佳秀までが謝罪する事態となった。

責任は自分にある。前沢はそう感じていた。指摘に正面から向き合って対応するしかなかった。同時に、こうした状況に置かれることになった自分に半ば呆れていた。組織や世の中と前沢賢という人間との関係性は昔から何一つ変わっていないように思えた。自分が望むことはいつも周囲と調和せず、孤立し、衝突して批難を浴びる。この一件でも自分の流儀や作法は日本球界に受け入れられなかったのだ。

ただ、何より心に痛かったのは新スタジアムのファウルゾーン問題を報じるニュースやSNSの書き込みを目にしていると、前沢自身の目に映るボールパークにも一瞬、影が落ちたように思えることだった。たとえ瞬間的にでも、そう感じてしまう自分が嫌でたまらなかった。その心模様が陰鬱な雪景色と同化していた。前沢は自己嫌悪でささくれ立った気持ちのまま車を進めた。吸い込まれてしまいそうな灰色の景色の中、東へ向かって進み続けた。

景色が変わったのは交差点を二つ折れ、高速道央自動車道の高架をくぐった頃だった。雪が止んだ。空が広くなり、道の両側が開けた。それと同時に雪化粧をした森の向こうに幾つかのクレーンと特徴的な屋根が見えた。ファイターズの新たなホームスタジアムだった。球場のエンブレムにもなった三角の屋根は前沢が設計者に何度もイメージを伝えた末に完成したものだった。

「新しいだけの近未来的なフォルムにはしたくない。誰もがいつかどこかで見たことがあるような普遍的なデザインにしたい――」

工事初期のまだ骨組みだけの時期から、なぜかこのスタジアムとあの屋根の三角形を見ると心の隙間が埋まっていくような感覚になった。何より不思議だったのは、いつからか、自分の息子だと思うようになったことだ。

前沢には妻と一人娘がいた。だが、結婚する以前からこの世界のどこかに自分の息子が存在するという気がしていた。おかしな話だったが、本能的な部分でそう感知していた。そしてボールパーク計画を進め、着工にこぎつけた時、自分の中にいた〝息子〟とは、このスタジアムのことだったのだと気付いた。言葉にしたところで理解されるはずもなく他者には打ち明けていなかった。自分にさえ説明がつかなかった。そんなスタジアムへの思いと世の中から向けられた批難との相剋《そうこく》が前沢の心を掻き乱していた。

ボールパークの敷地内に入ると、雪景色の中を何台もの工事用車輌が行き交っていた。前沢は駐車場に車を停め、巨大なスタジアムに足を踏み入れた。中はひっそりとしていた。

引っ越し業者が膨大な数のダンボール箱を運ぶために行き来している以外はほとんどひと気がなかった。

養生テープの張られたエレベーターに乗り込んで四階に上がる。そこにできたばかりの事業統轄本部のオフィスがあった。フロアには誰もいなかった。冷んやりとした空気の中に、まだカバーがかけられたままの机と椅子が並び、ダンボール箱が積まれているだけだった。前沢のデスクはフロアの東端にあった。後ろを振り返れば、ガラス越しにスタジアム全体を見渡すことができた。左には三谷仁志の、右隣には川村浩二のデスクが置かれていた。ボールパーク計画がスタートした当初、本社取締役の中で最も強硬な反対派であった川村は建設が決定した後の二〇一九年春からファイターズの球団社長に就任した。ともに新スタジアムの完成を推進する存在になっていた。そして三谷と川村もまた今回の一件の渦中にいた。

前沢は割り切れない気持ちのまま、机の上のダンボール箱を開け始めた。ほとんどがボールパークについての関係書類だった。もう保管しておく必要のないものばかりだったが、捨てられずに持ってきた。作業の途中、ふと手が止まった。フロアの片隅に立てかけられている一枚の絵画が目に入ったからだ。荷物のほとんどが事務的なものである中、それはほとんど唯一、前沢が希望して新たに持ち込んだものであった。

前年の夏、三谷とともに札幌市中央区の喫茶店に入った。テーブル脇の壁に何枚かの絵画が展示された、ギャラリーのような雰囲気の店だった。その中の一枚に前沢の目が留まった。陰影のある黒い背景に天使が描かれている絵だった。天使は憂いを帯びた表情をしていたが、背中には大きな翼があった。眩しい光の黄金と、鮮血のような紅と、冷徹の青と、様々な色彩を含んだその翼で闇の中を翔んでいた。周囲に広がる深い闇に取り込まれまいとじっと耐えているようでもあった。誰が描いたのか、どんなコンセプトで描かれたのかは分からなかったが、前沢はひと目で心を奪われた。その絵がボールパーク計画そのものであるように映ったからだ。

前沢はコーヒーを注文するより先に三谷に言った。

「この絵、買っていいかな……。スタジアムに置こうと思うんだ」

誰もいないオフィスで前沢はその絵をあらためて手に取った。じっと見つめていると、波立っていた心が静まっていくような気がした。飾る場所は決めていた。スタッフ全員が目にするエントランス脇の壁である。その広い壁にはアルファベットでこう記されていた。

〝In the beginning, no one believed the project had a chance.〟

〝最初は誰も、できると思っていなかった。〟

その文言と手にした絵画が前沢に忘れかけていたことを思い出させた。胸にひとつ脈打つものがあった。

前沢は開きかけのダンボールをそのまま残して、事務所フロアを出た。何かに駆り立てられるように再びエレベーターに乗り込むと、グラウンドレベルまで降りた。搬入用のコンコースから重たい扉を開けると、そこにはファイターズのチームエリアが広がっていた。ロッカールーム、トレーニングルーム、スイングルーム……戦う男たちの空間だった。

レンガ模様の通路を端まで行くと、ミーティングルームにひとりのチームスタッフが佇んでいた。かつてこの球団に選手として入団し、ユニホームを脱いでからはチーム管理部長となっていた。もう三十年余りファイターズで働いている古参スタッフは現場用具の搬入を待ちながら、もの思いに耽っているようだった。

「さすが、早いですね」

前沢が声を掛けると、ジャージ姿のスタッフは照れたように笑った。そして、おもむろに白髪混じりの頭を下げた。

「前沢さん、ありがとう」

そう言って、目元を拭った。

「俺はまだ東京ドームを借りていた頃からこの球団にいるけどさ。まさか、こんな球場で仕事できる日が来るなんて、夢にも思ってなかったよ……。ありがとう」

予期せぬ言葉だった。またひとつ胸の奥が脈打った。

前沢はスタッフに頭を下げると、そのまま一塁側のベンチに出た。ダグアウトから段を上がり、グラウンドに立った。そこにはフィールドがあった。高さ約七十メートルのガラス壁から差し込んだ陽光に照らされた真っ白なベースと茶色い土、緑の芝がじっとプレーヤーと観衆を待っていた。戦いの瞬間を待っていた。

前沢はその光景を前に、ある男の胸中を思った。グラウンドまで降りてきたのはそれを確かめるためだった。あの絵を見て、思い出した人物とはファイターズの歴史の中で、このスタジアム最初のゲームを指揮する新庄剛志であった。

数日前のことだった。関係者を通じて新庄からユニホームが届いた。

なぜ自分に……。新庄とは現役時代も含めて数えるほどしか言葉を交わしたことはなかった。真意を測りかねた。だから前沢はそのユニホームを、誰か恩義ある人に贈ろうと考えた。きっと自分よりも喜んでくれる人がいるはずだと思った。だが、ユニホームを広げてみると、そこにはメッセージが記されていた。ファウルゾーン問題に沈む自分と、このスタジアムに向けられたメッセージだった。前沢はまもなく新庄が立つであろう場所に立って、あのユニホームに込められた意味を考えていた。

そして気づいた。およそ二十年前、ファイターズが北海道に移転してきた当時、多くの人はこう考えていないかっただろうか。

〝一年のおよそ半分を雪に閉ざされる北国に、本当にプロ野球が根付くのか？〟

新生ファイターズのシンボルとなった新庄がマスクを被ってグラウンドに現れた時、こんな声が聞こえなかっただろうか。

〝プロ野球選手がパフォーマンスなんてして、どうする？〟

そして監督となった新庄の周囲には当初こんな声が渦巻いてはいなかっただろうか。

〝あの人に、プロ野球の監督が務まるのか？〟

〝なぜ、ファイターズは新庄を監督にしたんだ？〟

前沢は球団内で新庄が監督になった経緯を聞いたことがあった。

二〇二〇年、四十八歳の新庄が現役復帰をめざしてプロ野球のトライアウトを受けたその日、ファイターズのある球団幹部がトライアウトを終えたばかりの新庄に電話を掛けたのだという。

「大事なお話があります――」

翌日、東京・日比谷の帝国ホテル。料亭のテーブルを挟んだ新庄に、その幹部はこう告げたという。

「二〇二二年、新庄剛志がファイターズの監督になるためには、何をすればいいか。今から一年間かけて考えてください」

幹部の言葉に、これまで多くの観衆を驚かせてきた球界のスターもさすがに一瞬、絶句して、こう問い返したという。

自分のどこを見て、監督にしようというのですか？

そこで幹部は新庄に言った。

「あなたがファイターズの選手だった頃、あなたのグラブを見たことがあります。あれを見れば、あなたがどんな野球人なのか、どんな人間なのか、分かります」

新庄はそれを聞いて腑に落ちた様子だったという。そして、その後の一年間、一軍も二軍も問わず、人知れず全国各地の球場に足を運んだのだという。

新庄は阪神タイガースに入団した十八歳から引退する三十四歳まで、一つのグラブを使い続けた。メーカーからいくらでも新品が送られてくる時代にあって、新人選手の初任給で買った七五〇〇〇円のグラブを何度も修理して使い通した。補修痕だらけのそのグラブはチームメイトにさえ決して触らせなかった――その逸話は前沢も耳にしたことがあった。

誰が新庄を監督にすると決断したのか、球団内でもほとんど明らかにされていなかったが、前沢はその球団幹部というのは吉村浩ではないかと考えていた。吉村しかいないように思えた。

たとえ誰にも賛同されなくとも真っすぐに歩く。成すべきことを成す。見渡せばすぐ近くに自分と同じような、いや、それ以上の闇と逆風の中を歩む者たちがいた。あらゆる組織にフィットしなかった自分が、なぜこの球団に居場所を見出すことができたのか、分かった気がした。

再び胸の奥底が脈打った。前沢は衝動の導くまま無人のスタンドを駆け上がった。三塁側のメインゲートから通じるコンコースに出た。そこからはスタジアムの全景が見渡せる。前沢の最も好きな場所だった。

何処かの街から子供たちがスタジアムにやってくる。メインゲートを入ると目の前に真っすぐなコンコースが伸びていて、その先に球場が見える。緑の芝と土の色が目に映ったその瞬間、少年も少女も駆け出す。スタンドまで夢中で走り、そこで眼下に広がるグラウンドを目の当たりにする。夢のフィールドの景色に目を奪われる――そんなシーンをイメージして設計した場所だった。だからゲートからスタンドまでは何も設置しないように、コンコースからはフィールドの全てが見渡せるように、そしてできる限り子供たちがグラウンドを近くに感じられるようにデザインした。突き詰めればそれが、このスタジアムをつくった理由であった。

前沢は冬の陽射しが差し込むグラウンドを見つめながら、少年時代に戻ったような錯覚に陥った。このスタジアムは、あの頃の自分に向けてつくったものなのかもしれない……。そう考えると、この球場を息子のように感じる理由が分かった。ずっと思い描いてきたボールパークが今、眼前にあった。想像の中の産物ではなく、粘土細工でもなく、現実に在った。自らの仕事を〝虚業〟と表現してきた前沢が初めて生み出した形あるものだった。

その球場は人口わずか五万八〇〇〇人の地方都市に建設された。日本でただ一つ、ホームベースからバックネットまで五十フィートしか離れていないスタジアムだった。人間で言えば、生まれながらに他者と異なっていた。その出自から、最初は異端者として遇されるのかもしれない。後に改革者と呼ばれる多くの人たちがそうであったように、北海道におけるファイターズと新庄剛志がそうだったように、最初は逆風の中を歩き始めるのかもしれない。だが、前沢は確信できた。この子はきっと人気者になる——。

気づけば、時間を忘れてグラウンドを見つめていた。時計の針は正午をまわっていた。まもなく三谷らプロジェクトチームのメンバーがやってくる時間だった。この日、スタジアムが完成して最初のミーティングを何もないオフィスでやろう——そう提案したのは前沢だった。再びエレベーターを四階へと上がった。前沢は自分の戦場へと戻っていった。

自己嫌悪は過去のものとなり、胸にはこの先も真っ暗な道を歩いていくという覚悟が生まれていた。

なぜだろうか、雪景色の中に建てられたスタジアムはまだできたばかりだというのに、自分の家に帰ってきたような懐かしさを覚えた。少年時代、母と同じ真っ白なパジャマを着て、母の隣で寝た温もりを思い起こさせた。少年時代からずっと抱えてきた欠落は前沢の胸から消え去っていた。

あとがき

新千歳空港に着くと、そこからJR千歳線の快速エアポートに乗る。東京に比べてはるかに広い空を眺めながら札幌駅まで揺られる。帰りはその逆になる。取材のために何度となく北海道を訪れたが、ルートが変わることはなかった。

そんな中、ひとつだけ変化したことがあった。車内の座席である。曜日や時間帯によって快速エアポートは混雑するため指定席を購入するのだが、最初はどこでも構わなかった。アルファベットのAからDまでどの席だろうと意識することはなかった。それが回数を経るごとにD席を指定するようになった。その席からはボールパーク建設地を車窓の向こうに見ることができたからだ。

札幌駅に着く二つ前、北広島駅を過ぎたところでそれが見える。まだスタジアムは跡形もなく、クレーンの頭しか見えない頃から私はD席に腰掛け、まだ見ぬボールパークが完成するだろう土地へ目をやることが習慣になった。ただ、具体的に何が自分を窓際に引き寄せているのかは判然としなかった。そしてなぜか、毎回取材に行く度に、会う人から、見る景色から、取材者である自分が逆に問いかけられているような気がしていた——。

「おもしろい人間ドラマがあるんですよ」

新聞記者から北海道日本ハムファイターズの球団職員となった高山通史さんに初めてそう聞いたのは二〇一八年の終わり頃だったと記憶している。建築物としての記録だけでなく、そこに携わった人々の内面の記録も残したいと高山さんは考えているようだった。

私自身も新スタジアム計画の存在だけは知っていた。だが当時は、なぜ札幌ではなく、あまり名の知られていない地方都市に建設するのか？　という程度の疑問しか抱いておらず、もしかすると痛快なジャイアントキリング物語があるのかもしれないと想像するのみだった。

ただ、実際に取材を始めてみると、そう単純なストーリーではなかった。球団にも大都市にも地方都市にも、善と悪、勝者と敗者の分かりやすい境界線は見当たらなかった。それぞれに行動原理があり、正義があった。では一体、どこに人間のドラマがあるのか？何がこの取材のテーマなのか？　私は考え込んでしまった。

そんな時、本書に登場するある人物からこう言われた。

「藻岩山《もいわやま》に登ってみてはどうですか？　そこから東を望むと面白い景色が見られると思いますよ」

藻岩山とは札幌市の南西に位置する標高五三一メートルの山である。頂上からは札幌市街はもちろん、石狩平野から石狩湾までもが一望できる。とりわけ夜の眺望は「日本新三大夜景」にも入っており、観光で足を運ぶ人も多い場所だ。

取材も半ばに差しかかったある日、私はロープウェーとケーブルカーを乗り継いで山頂へ向かった。展望台には幾人かの観光客がいて、それぞれ思い思いの方角を眺めていた。私は言われた通り東を見た。眼下には札幌市街が広がっていて、その中にひと際巨大な銀色の屋根が見えた。そして、そのすぐ先に特徴的な三角の屋根があった。思いもかけない光景だった。市街の建物の中にある札幌ドームと、森の中で工事中の新スタジアムとは目と鼻の先にあった。まるで隣り合っているかのようだった。私はそのまましばらく東を眺めていた。そしてあることに気づいた。

多くの議論を呼び、あらゆる場面で対極にあった二つのスタジアムの距離は実際には十数キロメートル、展望台から見れば指の関節一つ分に過ぎなかった。物理的に言えば、それだけのことだった。ただ、心に未開地を持っている人と、そうでない人との距離は遥か遠い。数値では表せないほどかけ離れている。その距離がこのプロジェクトのハードルになり、同時に人々の関心を掻き立てるフックになっていたのではないだろうか。私は山頂に立ちながら、そんなことを思った。そして、取材者である私が北海道を訪れるたびに問いかけられていたことについて理解した。

――あなたの心にフロンティアはありますか？

私はこのプロジェクトに関わった人たちや、新スタジアム建設にまつわるあらゆる場面からそう問いかけられていたのだ。クレーンだけの雪原を見るために窓際の席に引き寄せられるようになったのは、それを確かめるためだったのではないかと腑に落ちた。心の中の未開地――それが本書のテーマになった。

足掛け二年に及んだ取材では、官も民も様々な立場の人に出逢った。振り返りたくない過去についても問わざるを得なかった。各所の調整に奔走してくださった株式会社ファイターズスポーツ＆エンターテイメントの早川香さんをはじめ、球団、札幌市役所、北広島市役所、本書に携わってくれた全ての関係者の方々に御礼申し上げたい。

また、企画段階から付き合っていただいた文藝春秋Ｎｕｍｂｅｒ編集局の藤森三奈さん、前Ｎｕｍｂｅｒ編集長の宇賀康之さん、時間的制約のなか原稿と向き合っていただいた矢内浩祐さん、装丁によって本書に物語性を与えてくださったイラストレーターの吉實恵さん、文藝春秋デザイン部の番洋樹さんの存在なくして本書は完成しなかった。そして何より、このストーリーに私を引き込んでくれた高山さんに心より感謝している。

本書を執筆中、一九八九年に公開された映画「フィールド・オブ・ドリームス」を観た。社会人になりたての頃に一度観た記憶があるが、いささか現実離れし過ぎた空想物語という程度にしか覚えていなかった。だが、あれから約二十年、私は自分でも驚くほどこの映画に心を揺さぶられた。深夜の部屋でひとりエンドロールまで観て、もう一度巻き戻した。ひとつの作品がこれほど劇的に印象を変えたのはなぜだろうか。それは私自身の心のフロンティアと関係しているのだろうか。いまだ定かではないが、そうであればいいと願っている。

二〇二三年春　鈴木忠平

本書は書き下ろしです。

参考文献
「北海道新聞」(2016年～ 2018年)
「平成30年　札幌市議会第一部予算特別委員会記録（第7号)」

口絵写真
株式会社ファイターズ スポーツ&エンターテイメント
文藝春秋写真資料室（札幌ドーム)

装丁　番 洋樹
カバーイラスト　吉實 恵

鈴木忠平（すずき・ただひら）
1977年、千葉県生まれ。名古屋外国語大学を卒業後、日刊スポーツ新聞社で中日、阪神などプロ野球担当記者を16年間経験して2016年に退社。2019年までNumber編集部に所属したのち、フリーのノンフィクション作家として活動する。2021年に刊行した『嫌われた監督　落合博満は中日をどう変えたのか』でミズノスポーツライター賞最優秀賞、大宅壮一ノンフィクション賞、講談社 本田靖春ノンフィクション賞、新潮ドキュメント賞を受賞した。その他の著書に『虚空の人　清原和博を巡る旅』『清原和博への告白　甲子園13本塁打の真実』がある。

アンビシャス
北海道《ほっかいどう》にボールパークを創《つく》った男《おとこ》たち

2023年3月30日　第1刷発行

著　者　鈴木《すずき》忠平《ただひら》
発行者　松井一晃
発行所　株式会社　文藝春秋
　〒102-8008 東京都千代田区紀尾井町3-23
電　話　03-3265-1211
印　刷　凸版印刷
製　本　加藤製本
組　版　エヴリ・シンク

ISBN978-4-16-391678-1　Printed in Japan